国际化人才
培养实践

国家电网有限公司高级培训中心　著

中国电力出版社
CHINA ELECTRIC POWER PRESS

内容提要

本书的主题是"国际化人才培养实践",中心内容包括认识国际化人才培养、对国际化人才培养的调研及启示、国际化人才能力模型、国际化人才课程体系、国际化人才培训项目体系及国家电网有限公司国际化人才培养实践。本书从调研分析、理论模型、应用实践三个维度,用直观的图表和浅显易懂的语言,向读者展示了国际化人才培养系统性研究与实践成果,具有实操性和推广性,既可为各类企事业单位的国际化人才选拔和培养提供参考借鉴,帮助中国企业在"走出去"的道路上做好人才队伍培养,也适合各层级国际化人才参照学习,用于自我修炼和能力发展。

本书可供包括各类实施国际化战略的企事业单位管理层、人力资源管理人员、国际化培训或咨询机构人员、国际化相关工作从业人员等参考。

图书在版编目(CIP)数据

国际化人才培养实践／国家电网有限公司高级培训中心著. —北京:中国电力出版社,2021.7(2022.2 重印)

ISBN 978-7-5198-5270-2

Ⅰ.①国… Ⅱ.①国… Ⅲ.①国有企业－国际化－人才培养－研究－中国 Ⅳ.① F279.241

中国版本图书馆 CIP 数据核字(2021)第 039866 号

出版发行:中国电力出版社

地　　址:北京市东城区北京站西街 19 号(邮政编码 100005)

网　　址:http://www.cepp.sgcc.com.cn

责任编辑:冯宁宁(010-63412537)

责任校对:黄　蓓　李　楠

装帧设计:赵姗姗

责任印制:吴　迪

印　　刷:三河市万龙印装有限公司

版　　次:2021 年 7 月第一版

印　　次:2022 年 2 月北京第二次印刷

开　　本:710 毫米 ×1000 毫米　16 开本

印　　张:8.75

字　　数:240 千字

定　　价:80.00 元

编 委 会

编 写 组

习近平总书记亲自谋划、亲自部署、亲自推动的共建"一带一路"宏伟倡议，为我国主动参与全球治理、推动形成全面开放新格局提供了科学指引和基本遵循，得到国际社会广泛认同和支持，取得了丰硕成果，"一带一路"倡议正逐步成为共同繁荣、共同发展之路。党的十九大将推进"一带一路"建设写入党章，充分体现了党和国家高度重视"一带一路"建设、坚定推进"一带一路"建设的决心和信心，也为国有企业把握"一带一路"建设机遇、打造具有全球竞争力的世界一流企业指明了方向。

国家电网有限公司坚决贯彻落实党中央、国务院决策部署，立足新发展阶段，贯彻新发展理念，高度重视国际化发展，助力构建国内国际双循环相互促进的新发展格局，践行中央企业"六个力量"，以服务和参与"一带一路"建设为核心，以公司战略为指引，积极推进两个一体化（投资、建设、运营带动技术、装备、标准）"走出去"，开展"三化经营"（市场化、长期化、本土化），突出服务大局，突出效益贡献，突出风险防范，突出规范运营，打造"一带一路"建设央企标杆（"四突出一标杆"），在境外投资运营、国际产能合作、能源电力国际合作、标准国际化等方面取得了显著成效。

目前公司在51个国家开展国际业务，成功投资运营9个国家和地区12个骨干能源网公司，管理境外资产650亿美元，境外工程合同额累计达到460亿美元，建成10条与周边国家电网互联跨国输电线路，累计交易电量超过330亿千瓦时，主导发起编制国际标准98项，共有525项中国标准在境外项目中推广应用。公司积极参与全球能源治理，充分利用大型国际论坛、高端对话、双多边合作机制等平台，讲好国网故事，提出中国方案，积极服务国家对外工作大局，配合做好有关高访和重要国际会议工作，积极参加国家重大主场外交活动。公司所有境外项目全部盈利、无一亏损。公司的国际化发展和服务"一带一路"建设得到了党和国家领导的充分肯定，得到有关部委的高度评价，多个项目被国家发改委、国资委、商务部等作为经典案例，成为央企走出去和"一带一路"建设的成功典范。

这些成绩的取得离不开一支政治过硬、视野开阔、专业精湛的高水平国际化人才队伍。国家电网有限公司高度重视对国际化人才的发掘、培养、锻炼，自2007年开始，公司开始在国家电网有限公司高级培训中心（国网高培中心）举办国际项目高级管理人员培训、国际商务专业领军人才培训、公司驻外人员培训等聚焦央企"走出去"与"一带一路"建设主题的国际化培训项目，参与学员范围广泛，授课教学形式多样。项目实施至今，累计培训900余人，并从中择优选派一大批国际化人才充实到公司国际业务单位和驻外机构工作，有力支撑了公司国际业务的发展。《国际化人才培养实践》记录了国家电网有限公司对国际化人才培养的发展历程，归纳了国际化人才培养的理念与模型，总结了国际化人才培养的经验与做法，为进一步推进国际化人才培训工作提供了重要参考和有益借鉴。

在2021年年初，国家电网有限公司党组提出了"一业为主、四翼齐飞、全要素发力"发展总体布局，其中"一业"指电网业务，"四翼"分别指金融业务、国际业务、支撑产业和战略新兴产业。公司党组将国际业务作为"一体四翼"坚强"一翼"，研究提出了"四突出一标杆"国际化发展战略思路，不断推进国际业务高质量发展。我们将在公司党组的坚强领导下，持续抓好国际化人才培养工作，奋力建设具有中国特色国际领先的能源互联网企业，为将"一带一路"建成和平之路、繁荣之路、开放之路、创新之路、文明之路作出新的更大贡献！

国家电网有限公司

副总工程师兼国际合作部主任

2021年6月

　　"一带一路"建设是我国适应和引领全球化、构建全方位开放发展新格局的重大举措。近年来，国家电网有限公司（以下简称"国家电网"或"公司"）立足主业，发挥企业优势，积极服务和参与"一带一路"建设，成功投资运营巴西、菲律宾、葡萄牙、澳大利亚、意大利、希腊、阿曼、智利和中国香港等9个国家和地区的骨干能源网，在全球设立10个办事处。国家电网在推进"一带一路"建设和国际化发展过程中，围绕"一个核心"（以服务和推进"一带一路"建设为核心），推进"两个一体化"（投资、建设、运营一体化和技术、装备、标准一体化走出去），开展"三化"经营（市场化、长期化、本土化经营），增强"四个力"（贯彻国家战略的服务力、国际业务发展的竞争力、国际业务的风险控制力、国家电网的品牌影响力）。公司投资和承建的项目均关系当地经济社会发展，是各个国家和地区的重要基础设施。所有项目运营平稳、管理规范，得到当地社会和监管机构的充分肯定和高度评价，建立了良好的国际信誉。公司多个项目在国际上成为"金字名片"，为当地创造了经济、社会和环境价值，树立了负责任的国际化企业形象。

　　人才是公司事业发展的第一资源。国际业务作为国家电网建设具有中国特色国际领先的能源互联网企业的重要组成部分，其发展需要有一支强有力的国际化人才队伍作为支撑和保障。国家电网有限公司高级培训中心（以下简称"国网高培中心"）作为公司高素质、复合型、国际化人才培养基地，始终以公司战略部署为核心，依托公司国际化培训项目具体实践，持续开展国际化人才培养研究与实践。一是在国家电网国际合作部等有关部门的指导下，不断加强与公司系统内部国际业务单位的联系合作，通过深入调研，密切关注公司国际业务前沿动态，及时掌握业务一线培训需求，依托公司国际化培训项目工作实践，努力为国际业务发展和相关专业人才培养提供系统解决方案。二是以系统外典型企业为调研对象，深入挖掘国际化企业发展与人才培养的内在联系，并从中提炼企业在国际化人才培养领域的实践经验。三是通过教学研究与教学实践的充分结合，打造以"四极两维"为主体结构的国际化人才培训体系，即构建面向公司广大国际相关领导人员和业务员工，聚焦细分人群需求（依次包括外派项目人员、国内支持人员、海外本土员工及外部利益相关方）的培训体系架构，深入推进国际化人才培训工作的科学化、精益化、系统化进程，努力为公司国际业务发展提供人才保障。

2014—2020年，国网高培中心举办的各类国际化培训项目规模逐年扩大，已成为公司人才培养工作中的重要部分。相关项目在《国家电网报》和国家电网网站等媒体多次报道。国家电网国际化人才培养项目于2016年分别获得人才发展协会（ATD）卓越实践奖和国际绩效改进协会（ISPI）绩效改进杰出奖，2017年在美国人才发展协会（ATD）国际会议会展专题演讲，2018年获得中央企业人才培养荣誉评选年度优秀国际化人才培养项目。相关成果获得国家电网2018年度优秀调研成果二等奖、国家电网2019年度管理创新推广成果奖等奖项。项目的成功实施充分证明了构建国际化人才培训体系的可行性和应用价值，同时也有效展示了国家电网品牌形象，扩大了企业影响力。特别是随着"一带一路"建设的深入推进与"双碳"目标的提出，公司国际业务发展迅速，国际化人才队伍建设的重要性进一步凸显。

本书所介绍的成果基于国网高培中心近七年来的国际化人才培养研究与培训实践，是对过去工作的一个系统总结。国网高培中心在研究和实践中得到了国网国际部、国网组织部、国网人资部、国网研究室、国网产业部、国网企协等部门，国网国际发展有限公司、中国电力技术装备有限公司、南瑞集团有限公司、许继集团有限公司、平高集团有限公司等单位领导和专家，以及国网高培中心历任领导和相关部门同事的指导、帮助和支持，在此一并致谢！

公司国际化业务的不断发展将持续推动国际化人才培养研究与实践的持续迭代更新。国网高培中心将在本书所呈现的历史成果基础上，紧密结合公司最新国际化战略，在国际化人才培养之路上不断创新突破。本书的不足之处，也敬请各位读者提出宝贵意见。

编　者

2021年5月

目 录
CONTENTS

第五章　国际化人才培训项目体系

第六章　国际化人才培养实践

附　录

第一章
认识国际化人才培养

第一节 相关概念

一、企业国际化

企业国际化是指企业为了进入更大市场、整合更多资源、追求更高收益，从而突破一国物理边界，在两个或两个以上的国家从事生产、销售、服务等活动的一种客观现象和发展过程。

企业国际化通常包括管理国际化、生产国际化、销售国际化、融资国际化、服务国际化和人才国际化六个方面，具体为：

（1）管理国际化，是指企业的管理具有国际视角，符合国际惯例和发展趋势，能在世界范围内有效配置资源。

（2）生产国际化，是指企业在世界范围内进行采购、运输和生产，利用海外资源提高生产绩效的方法。

（3）销售国际化，是指企业通过国内外的销售网络，根据不同地区和产品，有选择地进行销售活动，使自己利润最大化。

（4）融资国际化，是指企业有能力在世界范围内寻找成本低、风险小的融资机会。

（5）服务国际化，是指企业能根据实际范围内不同的地区提供从售前到售后并且符合当地文化习俗、法律规章的服务。

（6）人才国际化，是指企业拥有的人才不仅要熟悉国际贸易、国际金融、国际投资等领域相关知识，而且懂经营、会管理。

综合以上六个维度，可以对企业国际化进程形成较为直观的判断。❶

二、国际化人才

国际化人才是指具有国际化意识和胸怀以及国际一流的知识结构，视野和能力达到国际化水准，在全球化竞争中善于把握机遇和争取主动的高层次人才。国际化人才一般应具备以下七种素质：宽广的国际化视野和强烈的创新意识；熟悉掌握本专业的国际化知识；熟悉掌握国际惯例；较强的跨文化沟通能力；独立的国际活动能力；较强的运用和处理信息的能力；且必须具备较高的政治思想素质和健康的心理素质，能经受多元文化的冲击，在做国际人的同时不至于丧失中华民族的人格和国格。❷

具体到国有企业，当前我国国企所需的国际化人才应具有以下四方面特征：

（1）较强的党性原则。党性原则的集中表现是，坚持全心全意为人民服务的根本宗旨。这就要求国际化人才自觉提高党性修养，坚持以人民为中心，把人民对美好生活的向往作为奋斗目标。

（2）国际化的思维、视野和沟通能力。国际化的思维要求国际化人才坚持以包容开放的心态、平等互利的方式方法妥善处理文化、风俗、习惯、法律等的冲突。国际化的视野意味着国际化人才在进行生产、经营、管理的决策时所依据的信息应当涵盖全球范围内所有相关的资金、土地、劳动力、技术、政策等要素。国际化的沟通能力是指建立在对他国及本国

---

❶ 武义民，国际化的概念与内涵，《北京石油管理干部学院学报》，2016 年第 5 期。

❷ 王通讯，人才国际化与国际化人才，第四届中国杰出管理者年会论文集，2008 年 6 月。

全面了解的基础之上，以语言为工具的跨文化交流协调能力。

（3）复合型的知识结构。国际化人才之所以应是复合型人才，是因为中国国企"走出去"参与竞争的很多大型项目不仅需要工程师类的技术人才，还需要熟悉国际规则的管理人才、财务人才、法律人才等专门人才。

（4）保持中国特色。值得注意的是，国际化人才还应当是了解中国历史、熟悉中国国情、具有中国情怀的人才，即"中国化"的人才。❶

三、国际化人才培养

人才培养是指对人才进行教育、培训的过程。被选拔的人才一般都需经过培养训练，才能成为各种职业和岗位要求的专门人才。培养人才的形式有多种，除了在各级各类学校中进行系统教育的进修外，还可以采取脱产或不脱产的培训班、研讨班等形式开展。人才培养的具体要求，各行各业都有所不同，但总的目标是达到知识、技能、意愿全面提升。

具体到国际化人才培养，就是要遵循企业发展和人才成长规律，按照国际化人才应该具备的知识、技能、意愿，即胜任力要求，进行有针对性的教育和培训，从而培养造就一批懂外语、精专业、善管理、强沟通的法律、财务、税务、经营、运维等方面的综合性国际化人才。

大量的事实证明，国际一流企业必定是国际化的企业。加速企业国际化进程，大力推动国际化人才培养，将是我国企业从国内一流成长为国际一流的必由之路。

---

❶ 孙大伟，中国国企"走出去"的国际化人才战略，《中国社会科学报》2018 年 3 月 29 日第 1421 期。

第二节　相关研究综述

一、国际化培训必要性研究综述

目前，关于国际化培训必要性的研究主要可以分为三类：

第一类是以人力资源战略规划为基本逻辑，强调人力资源管理，包括人才培训开发应服从企业发展的战略大局。在当前中国企业"走出去"已经成为一种潮流的情况下，开展国际化培训是企业克服人才瓶颈，储备核心人才资源的必然选择（刘正良，2009）。这种观点也代表了当前的主流认识。

第二类则反映了组织行为学派对国际化培训的看法。这一类观点将培训视为实现组织变革的工具，认为随着企业向跨国公司方向的不断发展，组织内部的员工构成将日趋多元化，这种文化背景的差异将不可避免地产生相互沟通的障碍，降低组织运行的效率。对此组织行为学派的代表人物斯蒂芬·罗宾斯教授（Stephen Robinsons, 2007）认为，培训是解决上述问题的核心途径，通过培训将有助于打破组织原先固化的结构，实现"破冰"，以增进员工之间的沟通和交流，使之更容易适应国际化发展形势下的新要求。

第三类主要是基于成本分析得出的一些实证研究的结论，比如兰尼·康普兰（Lennie Copeland, 1984）通过对美国企业的实证研究表明，虽然企业需要在国际化人才培训方面投入较多资源，但与因缺少相应培训而造成的风险或损失相比，国际化人才综合培训产生的费用显得微不足道。[1]康普兰和刘易斯·格里格斯（Lennie Copeland and Lewis Griggs, 1991）通过统计认为，不合适的外派员工会给企业造成有形或无形的损失。[2]约拉姆·泽拉和莫西·巴

---

[1]　Lennie Copeland, Training Americans to Do Business Overseas, Training, v21 n7 p22–33 Jul 1984.

[2]　Lennie Copeland and Lewis Griggs, Going International: How to Advertise, Market, Negotiate, Set–up Shop, Train, Conduct Meetings, Transfer Skills and Do Business Around the World, Professional Cassette Center, 1991.

奈（Yoram Zeira and Moshe Banai, 1985）发现，跨文化培训已成为跨国公司或母公司对国际化员工、驻地国员工、合作伙伴进行培训的关键内容；因忽略驻外员工的跨文化培训，导致有20%～50%的企业驻外经营业绩不佳，或无法适应驻在国或地区的环境，造成企业在驻在国和合作伙伴中的声誉受损。❶斯宾塞·海登（Spencer Hayden, 1990）认为，"甄选并培训当地管理者"是企业国际化进程中人力资源管理的首要问题，其作为主要问题的重要程度接近70%。❷

二、国际化培训特征研究综述

国际化培训作为企业国际化战略的重要组成部分，它的表现特征在很大程度上取决于国际化的影响和要求。按照斯蒂芬·罗宾斯（Stephen Robbins, 2003）的观点，一个企业要成长为全球性的公司，需要经历三个阶段，依次为被动反应、主动进入和建立国际公司三个阶段，即从最初的产品出口、合资设厂，到最终开办境外子公司，而每个阶段由于发展战略和所处环境的不同，对人力资源等投入要素的需求也不尽相同。❸

于晨（2011）认为，在第一阶段企业以贸易为主，因此需要的是懂外语、了解国际贸易准则、善于沟通的国际化人才。在第二阶段最需要的核心人才是了解全球市场布局，能进行全球营销的国际人才，以及了解区域市场，懂得当地消费者的习惯和需求，了解当地人文法律环境的国际化人才。在第三阶段，企业具有海外的生产机构，所以需要能够进行本地化生产与采购的人才，同时要有能开展区域采购、生产和营销的人才。在第四阶段，企业需要的国际化人

---

❶　Yoram Zeira and Moshe Banai, Selection of Expatriate Managers in MNCs: The Host-Environment Point of View,International Studies of Management & Organization, Vol. 15, No. 1, International Personnel Management (Spring, 1985), pp. 33–51.

❷　转引自赵曙明等著，《国际企业人力资源管理》，中国人民大学出版社，2001。

❸　史蒂芬·罗宾斯，《管理学》，中国人民大学出版社，2003。

才应该具有全球战略眼光、洞悉全球市场状况、把控全球资源的能力，能在竞争激烈、复杂多变的全球市场中发现机遇、制定战略，并能带领团队实现战略目标等。❶

吴慈生（2005）进一步认为，企业在国际化发展的不同阶段不仅需要不同的人才，也需要不同的人力资源管理模式，和与之相对应的培训模式。按照民族中心、多元中心和全球中心三个发展阶段分析，第一阶段，企业应采用母国招聘、培训再派到国外子公司担任职务；第二阶段，企业应在东道国招聘、培训管理人员，并逐步提升他们到重要岗位；第三阶段，企业应在世界范围内招聘并推广全球统一的高管领导力培训标准。❷

梁文俊（2010）也赞同这一观点，他认为，在企业国际化的初始阶段，国际化培训应采取"请进来，送出去"的策略，让员工开拓国际视野，知晓国际惯例，把握国际规则，提高跨文化沟通的能力，为企业国际化战略积蓄能量，积累经验。在整合阶段培训的主要策略是将境外员工纳入统一的培训体系，向境外员工渗透公司战略、公司文化，加强跨文化的沟通与融合。在正常的发展阶段，培训主要策略则应转向统一开发培训项目，交由当地的合作机构实施，或者通过 E-learning 系统，实现培训项目全球运作。

三、国际化培训实践研究综述

对国际化培训实践的研究主要集中在两个方面，一是不断强化对国内外知名企业的培训实践的分析，二是看重对国内企业国际化培训体系的开发。

对标杆企业培训实践的分析，主要体现为对两类企业的案例研究，一类是以 GE、IBM、ABB、西门子、宝洁为代表的国外知名跨国公司，另一类则是像中石油、中石化、宝钢、联想等在国际化培训领域起步较早的国内大型企

---

❶ 于晨，企业国际化的人才瓶颈，《首席财务官》，2011 年第 9 期，第 85–87 页。
❷ 吴慈生，企业国际化进程中的组织结构演化与人力资源管理，《华东经济管理》，2005 年第 7 期，第 122–125 页。

业。研究表明，国外跨国企业实际上已进入了国际化发展的高级阶段，企业的主要战略规划均具有明显的国际化特征。具体到人才培训领域，国际化培训事实上已覆盖了培训工作的主要范畴。因此，在上述国外标杆企业中，并不需要刻意突出"国际化培训"的概念。例如，梁文俊（2010）通过实地考察，总结出国外企业的国际化培训体系建设的六类特征，分别是学员国际化、师资国际化、培训理念国际化、培训内容国际化、培训方法国际化、培训网络国际化。❶

　　大量案例表明，国外跨国企业在国际化培训建设领域已经形成了完备的体系架构，无论是在培训的开发环节、管理环节，还是在评估环节，各环节之间和单一环节内部均具有显著的系统性和连贯性。以外派员工培训为例，跨国公司非常注重在统一的全球战略和企业经营计划下制定与之相适应的外派人员培训规划，在具体的培训内容、培训方法的制定上，更关注对出发前、抵达后、驻外期间、归国后等不同阶段的培训需求的细分和契合（喻红莲，2012）。❷

　　具体到国内企业国际化培训系统的开发，国外跨国公司已有的经验对国内企业的国际化培训体系建设具有重要启示：一是企业国际化培训体系的建设应紧扣企业国际化的过程分阶段发展，各阶段要契合企业发展战略的实际需要，阶段之间要有内在的逻辑联系，呈现出严谨的系统性和连贯性；二是建立、完善全球一体化的培训体系是企业国际化培训的理想状态。

　　通过与国外先进企业的对标，国内企业已逐渐意识到，培训体系建设缺乏长远规划是制约企业国际化培训发展的主导因素。对此，国内不少研究人员提出大量有针对性的建议。其中，比较有代表性的有中国石油集团人事部培训处的黄赤（2012），她认为，中国企业要做好国际化培训工作应做到以下三点：

---

❶　梁文俊，关于企业培训机构国际化建设的思考，《石油化工管理干部学院学报》，2010 年第 12 期，第 25–28 页。

❷　喻红莲等，试论当前跨国公司外派员工的培训开发，《全国商情（理论研究）》，2012 年第 22 期，第 18–19 页。

一是建立跨文化导向的国际化培训知识体系，这是达到国际化人才培训效果的核心要素；二是建立覆盖培训全过程、统一有效的培训标准，这是做好国际化人才培训的基础工作；三是集中化的课程培训与岗位实践，这是提高国际化人才培训效果的重要举措。❶

　　石油化工管理干部学院国际化经营培训部的安娟（2012）也认为，企业应紧密结合国际化发展战略、企业实际经营状况、国际化人才现状及发展要求，从国际人力资源管理的视角制定国际化人才培训的总体规划，规划要兼具现实性和前瞻性，对国际化人才实行分层、分类、分专业、分地区培训，实现各类、各层次人才梯队建设的协调发展。同时，她也强调国际化培训体系的建设需要加强人才培训需求分析工作，根据岗位要求和胜任力模型开发更有针对性的国际化人才培训项目，而且也要建立完善科学的培训效果评估体系，对培训的实效性进行跟踪分析，以推动培训质量的持续改进。❷

---

❶　黄赤，国际化人才培训的理论分析与实践思考，《北京石油管理干部学院学报》，2012 年第 19 期，第 32–36 页。

❷　安娟，对我国企业国际化人才培训与使用工作的思考，《石油化工管理干部学院学报》，2012 年第 14 期，第 27–29 页。

第二章
国际化人才培养调研及启示

第一节　国际化人才培养的基本规律

一、企业国际化发展路径及各阶段人才培养特点

加强国际人才培养，是企业在国际化发展进程中，获取和巩固自身竞争优势的必然选择。

在长期的国际化培训教学研究过程中，我们先后与来自国内外知名商学院、培训机构、企业同行的专家进行过交流，大家一致认为企业走向国际化的发展进程，需要由浅入深经历若干阶段，人力资源作为其中的关键资源，其培养的体系建设与组织"走出去"的阶段水平密切相关，两者相互促进，又相互制约。在后续的工作实践中，我们通过实地调研和资料分析相结合的方式，对国资委管理的中央企业、通用电气等国际知名跨国公司、法国电力集团等国际优秀电力企业，以及联想、华为等国内知名企业进行了调研梳理，所得结论基本上印证了学界的判断，并进一步提炼了国际化不同发展阶段人才体系建设的规律和特征。结论发现，企业国际化发展进程基本上可以概括为以下四个阶段，依次为：国际化起步阶段、多国化阶段、国际化阶段和全球化阶段。每个阶段的战略、业务重点均有所不同，相应地，各阶段所面临的人才培养挑战也有所差异。概括而言，企业国际化发展及其各阶段人才培养需求呈现如下特点：

（1）处于国际化起步阶段的企业。该类企业刚刚开展国际化业务，尚未形成系统的发展战略，因此企业培训侧重于外语类的应急式培训，一般面向即将接受外派或执行海外业务的人员，对学员个人综合能力要求高，项目启动由业务的紧迫性促动，项目形式设计灵活、简单，项目内容偏重语言、东道国基本商业环境、法律法规和风土人情。

（2）处于多国化阶段的企业。该类企业的海外资产总量已初具规模，并已建立起专业的国际人才团队。企业培训侧重于综合类的响应式培训，一般面向外派人员及国际业务板块支持性人员，对学员有明确的能力素质标准，培训项目由国际业务短期发展需求促动，项目由原先相对成熟的模块化形态向体系化发展，项目内容以语言、知识、能力、行为为重点。

（3）处于国际化阶段的企业。该类企业在业务方面已形成成熟的区域战略体系，外籍员工占比显著提升。企业培训侧重于更精细的系统化培训，培训对象已扩展至海外本土员工，培训对象整体批量式、进阶式地出现，初创的企业大学从原来的培训部门、技术研究部门和总部人力资源部门中产生。培训课程呈现宽覆盖、细定制的特点，模块数量明显增多，内容质量明显提升，每一位国际业务学员能清晰了解学习发展路径。

（4）处于全球化阶段的企业。在此阶段企业的战略布局已实现全球一体化，因此，培训工作侧重培训体系的系统集成和培养方案的全球统一，组织学习与集团战略紧密相连，拥有联合学习部门、人力资源部门、业务部门互动的统一人才标准和课程体系。学员不仅能在培养框架下获得新知识和新技能、培养企业文化认同感，同时能参与到知识传播、战略再造的平台中来。由于员工队伍的国际化程度很高，国际人才培训即是整个培训工作的主要内容，无须刻意强调国际人才培训的概念。

以上四种企业类型实际上揭示了企业由本土公司向跨国公司发展的全过程，同时也呈现了在不同阶段国际化培训工作重点的差异。可以肯定的是，随着企业国际化进程的加快，员工队伍的构成和经营业务的种类日趋复杂和多元，传统应急式的"大锅饭"培训最终会被更加精细的系统化培训所取代，构建分层分类、进阶发展的培训体系将是大多数国际化企业开展培训的总体趋势。纵观《财富》世界500强企业，几乎所有的企业都已经建立了或者正在建立相应的国际人才培训体系（见图2-1）。

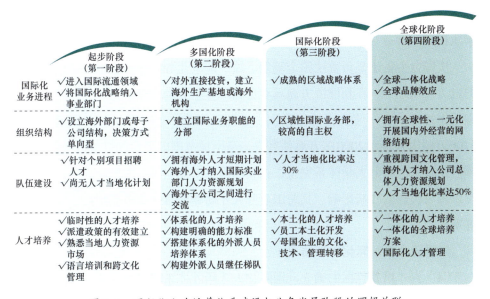

图2-1　国际化人才培养体系建设与业务发展阶段的逻辑关联

二、企业的国际化人才培养特点调研分析

虽然企业的国际化发展进程和人才培养工作有很多共性特点，但是不同的行业属性和企业属性，也会使企业的国际化发展和人才培养呈现出不同的特点。为了使研究更加有效地服务公司国际化人才培养，2013-2014年，编者围绕"电力行业""中国企业""中央企业"三个关键词，选取了意大利国家电力公司、法国电力集团以及部分国内企业作为调研分析的重点目标，本书重点结合其中的意大利国家电力公司和法国电力集团两家企业的国际化发展和人才培养情况。

1.调研企业国际化发展情况

意大利国家电力公司是一家业绩优良的意大利国有控股公司，对发输配电采用垂直一体化管理体制，是意大利最大的发电供应商，本国市场占有率为87%。公司自开启国际化历程已逾十年，业务主要分布于东欧、南欧、北美和拉美国家。其企业大学于2007年成立，同年更新集团Enel Citizen能力素质模型，并逐步建立起全球化与本土化紧密结合的国际化人才培养框架。

法国电力集团是负责法国全境发、输、配电业务的国有企业，是世界领先的电力公司之一，在新能源方面具有世界级竞争力的大型企业。公司国际化历程已走过近20年，业务分布于欧洲、亚洲、拉美、非洲等20多个国家，拥有3100万国内客户和2000多万海外客户，是全球范围内最大的供电服务商之一。该公司旗下的法电大学体系完备，在集团内不断建立自己的影响地位，为集团提供发展所需的战略影响。其跨国业务人才培养项目多次荣获境内、境外专业评审机构嘉奖。

2.调研企业国际化培训情况

（1）人才培养目标的确立。国际化人才培养体系建设是否成功，可以通过人才国际业务素质、国际业务人才梯队资源的丰富程度体现。有关调研企业的实际情况具体如下：

意大利国家电力公司在其《可持续发展报告》中明确提出，人才素质（Quality）和人才数量（Quantity）是人力资源支撑国际化增长的两大关键点。在人才素质方面，该公司旗下的意电大学基于领导力素质模型Enel Citizen开发360°反馈测评；在人才数量方面，其国际化领导力培训体系以职级和个人发展潜力为坐标两轴，重视国际业务高潜人才序列课程的开发，以推进国际化人才批量化梯队式培养。

法电大学也采用了与上述做法相似的思路。例如，其英国公司针对新并购员工领导力提升的4Is项目，将响应式项目的培训结果鉴定置于员工自身的业务部门，比照培训前后，员工绩效的提升幅度；同时，承接集团层面选拔出的全球业务高潜员工，设计高潜人才培养项目（Hipo Program），以提升高潜员工的领导力和战略思维能力。

（2）人才培养阶段的设计。人才培养在经历模块化、体系化、本土化的演进过程后，使得应用于全球各子公司的统一培养框架更具灵活适应性、战略统一性。有关调研企业的相关情况介绍如下：

意大利国家电力公司和法国电力集团的国际化人才培养在总部设计领导力标准项目后，推广至各地，并进行本地化，但战略培训的任务仍在集团层面进行设计。意电大学在集团层面搭建了国际化人才培养课程体系，其中部分课程模块需按照意电大学统一的课程大纲、分配统一的培训资源实施，而另外一部分课程模块需各级分公司结合自身业务和资源特点，自行设计实施方案。法电大学在此问题上更加灵活，随着业务全球化发展的趋势，教育职能逐渐向海外各子公司放权。

（3）人才培训标准的开发。培训标准是培训体系建设的起点和基础，人才标准设定主要依托胜任力模型（Competency Model）。调研了解到，联想集团、意大利国家电力公司和法国电力集团均已建立了稳定、开放的全球化领导人才胜任力模型。

意大利国家电力公司于2007年建立了胜任力模型，由意电大学在此基础上不断完善并重新修订。

（4）人才培训机制的建立。人才发展将最终通过企业培训部门、人力资源部门和轮岗机制协同实现。有关对标企业的实际情况具体如下：

意电大学为跨国业务培育领导人才梯队，并结合大量国际轮岗、绩效考核实施。

法电大学努力构建高潜人才梯队并设计相关培养项目。

（5）人才培训平台的发展。国际化人才培养主管部门的职能和形态，随着国际业务的发展而发展。有关调研企业的实际情况具体如下：

意大利国家电力公司和法国电力集团的培训平台呈现了两个特征：一是作为培训主题的企业大学被置于集团的战略高度，不仅是一个职业培训机构，也是一个新技术和战略的交流、凝聚平台。意电大学的宗旨为支持全球化整合进程、培养集团领导人才梯队、建立和发展集团专业学术机构。法电大学的宗旨为催化和统一战略、协同全球企业文化、可持续发展管理绩效。二是企业大学较过去的培训中心相比，能够与集团内其他部门发展更加有机互动，形成企业大学、人力资源部门、学员所属业务部门相互协同的局面，不仅使培训与个人绩效提升联系更为紧密，还使行动学习、导师制等更能改变员工深层特质的教学方法得以实现，也因此其国际化人才的"选、育、用、留"可以形成有效的闭环。

三、调研结论及其对公司国际化人才培养的启示

根据以上调研及对标研究情况，调研组初步总结出以下有关国际化人才培养的工作启示：

启示一：国际化人才培养将随国际业务的发展，完成模块化、体系化、本土化、品牌传播的发展路径。一则需要盘点近3～5年国际业务对人才能力的要求培训资源；二则既需要根据国际业务发展对人员需求的轻重缓急，划分高潜、骨干、后备等培训人群，也需要根据人员职级要求，建立能力素质模型，梳理知识能力要求，完善国际化人才培训项目模块，从而设计体系化的人才培训体系。

启示二：国际化人才培训部门需立足长远，积极寻求人力资源部门和海外业务部门的支持，共同确立培训目标以满足企业对国际业务人员的使用需求，争取政策支持和培训相关的讲师资源、知识资源和轮岗资源，多方反馈培训效果以带动培训体系建设日趋成熟完善。

启示三：公司国际化战略是一项长期战略，国际化发展有其内在规律。同样，国际化人才培养也需遵循其内在规律。当前的关键任务是构建国际化人才培训体系，体系内部需要内容明确、讲求国际业务支持实效，体系结构灵活开放、响应业务发展；体系外部需要协同能力强，并具有一定的社会资源影响力。

第二节 国际化人才培养的主要需求

推动公司国际化人才胜任能力的提升和发展，服务公司国际化战略大局和业务开展，是开展工作的根本目标，为了进一步明确方向，找准依据，在过去的几年里，在公司总部有关部门指导下，依托具体培训项目实践，持续对公司国际业务领域相关领导和专家，以及派驻海外工作的国际班学员进行了访谈调研，及时跟进公司国际业务最新进展，掌握国际化人才培养最新需求。

调研内容主要涉及以下三个方面：一是公司国际化战略与经营解读。二是国际化人才队伍的要求与培养需求。三是国际化业务与组织发展对本次项目的期望。通过调研，我们才能充分了解国际化战略在业务运营中的落地情况，了解国际化人才培训的业务环境，识别国际化人才队伍建设的具体挑战，梳理国际化业务对人才能力的实际要求，总结人才培训现状，了解高层管理者对本项目的期望，排除需求盲点，找准国际化人才培训体系建设的定位和发展方向。

通过调研，我们取得了有关公司国际化发展趋势、国际化战略规划、国际业务发展现状、国际业务人力资源配置的一手资料，分析了高层管理人员对国际化人才的甄选与人才培养的切实要求，收集了大量关于国际化人才培训的有益建议，为国际化人才培训标准的研发、培训项目的设计以及培训研究和组织实施的持续改进提供了科学依据。

一、公司国际化人才胜任能力素质要求调研结果

根据高管及专家访谈内容发现，随着公司国际业务的快速发展，对国际化人才队伍的质量和人才队伍的丰富度提出了更高要求，对国际化人才的胜任能力标准也从过去以"懂外语的传统电力运营人才"为主，向"高素质、复合型、国际化"方向转变。以下为访谈关键信息梳理：

1.二级正副职领导人员

对应能力	访谈原文（部分选取）
跨文化管理能力	"……公司驻外人员应具备较强的案头资料收集、整理和分析能力，不仅熟练掌握当地语言，同时也要深谙东道国的风土人情和法律规章……" "……我们对海外分公司高管人才的能力要求是：既能全链条地考虑风险和管控，又能横向地预知风险、找到合作方向……"
当地语言	
电力运营基础	
全球战略的大局观	
区域反应能力	
愿景和表率领导	
组织协调能力	
政府关系发展能力	
规范执行力	
公司治理能力	

2.三级正副职领导人员

对应能力	访谈原文（部分选取）
信息收集能力	"……我认为具备开拓性、热情、决策速度、大量海外实战经验以保证决策的慎重性，是这一层级领导作为信息决策者应具备的能力……" "……在发达国家，应派一些管理类人才，因为那些国家的标准和规范非常高、执行非常严格，必须服从当地技术标准。在发展中国家，管理和业务并重……"
客户关系维持能力	
当地语言	
信息整合决策能力	
标杆学习能力	

3.投资并购业务人员

对应能力	访谈原文（部分选取）
独当一面的能力	"……海外投资并购业务需要能够完成专业定价、能一锤定音的人才……" "……投资并购团队中的专务人员需在语言、财务、法律方面具备出色的专业能力，并熟悉国际投资项目的一般规律……" "……海外的投资项目中，对合同等文件的规范性要求非常高……"
专业知识	
行业研究能力	
项目估值能力	

4.海外运营业务人员

对应能力	访谈原文（部分选取）
综合业务价值链和专业纵深	"……使其加深对国外企业的管理模式和管理方法、西方企业的治理结构和制度安排的了解，使其需具备优秀的跨文化管理能力、组织协调能力、规范执行力、政府关系发展能力、能够在驻外机构中发挥表率作用……"
责任承担	
全面的经理人素质	
延伸思考能力	"……我们要派出综合素质强的高管、以一当十的高管，他们一则要在一个专业领域突出，再一个要在沟通、组织、贯彻中把公司的理念带出去。在海外，我们注重业务对当地社会的贡献……"
管控能力	
洞察能力	
跨文化管理能力	"……海外资产运营工作中主要包含技术输出和管理输出，需要资深的电网运行管理人员，语言固然是其中的一项重要技能，但要胜任海外工作，赢得外籍员工的尊重和认可，就必须技术过硬，熟知电网运营的各个环节，成为技术专家……"
市场适应能力	
企业品牌建设能力	
风险管控能力	
过硬的电力专业知识	

5.装备出口业务人员

对应能力	访谈原文（部分选取）
学习能力	"……在海外销售业务中面临的最大挑战是市场开拓……"
当地语言	"……在海外遇到的难点是思维方式的不同，例如，印度客户对细节非常严谨，并且笔头工作做得非常好。我们接受了这样的方式，后期任何问题都可以从文件中澄清。慢慢地，我们的工作方式和思维方式也随之本土化了……"
专业知识	
跨文化沟通融合能力	
驻外生活能力	
正直诚信	
国际销售能力	
市场调研能力	"……在海外规避风险不能仅仅靠自己的能力，也要靠当地使馆了解更多信息……"
延伸思考能力	"……做国际业务的销售人员一要耐得住寂寞，二要有耐心跟踪潜力项目，三要用专业精深和客户导向打动客户……"
商务谈判能力	
项目估值能力	
当地法律法规	

对应能力	访谈原文（部分选取）
融资租赁知识	"……在海外规避风险不能仅仅靠自己的能力，也要靠当地使馆了解更多信息……"
合规经营能力	
品牌维护能力	"……做国际业务的销售人员一要耐得住寂寞，二要有耐心跟踪潜力项目，三要用专业精深和客户导向打动客户……"
稳重性和耐心	

6. 工程承包业务人员

对应能力	访谈原文（部分选取）
跨文化适应能力	"……我主要是做商务的，投标是我的最主要工作……一个典型的销售过程是了解国外业务需求、找代理、招投标和回访……在此过程中，语言、专业知识、组织纪律性是最重要的素质……"
当地语言	
专业知识	
自我保护能力	
业务开拓能力	"……在我担任项目总经理的 EPC 项目上，需负责前期谈判、项目开发、设计、采购和施工等。我认为前期对资源环境、政治环境、业主信誉进行调研非常重要，是签订合同的总前提……"
政策解读能力	
市场调研能力	
专业形象	
商务谈判能力	
技术沟通能力	"……在海外获得市场信息需要经常与当地行业人员交流、发展中介和政府关系、寻找与业主续约的机会，还需要具备亲和力和建立信任的技巧……"
组织协调能力	
项目管理能力	
国际财务管理能力	
客户维护能力	
长期外派能力	

二、公司国际化人才培训需求调研结果

综合受访领导专家对现有国际化培训课程的反馈和对未来培训的需求设想，总结出有关培训体系、培训内容、培训形式的建议如下：

1. 培训体系

专门从事国际化业务的部门领导提出，希望有关部门能够对国际业务紧缺

人才进行需求量和专业水平的盘点，并对盘点结果进行科学归类和定位，从而将切实需求合理匹配入培训体系。希望将课程拉开层次，对应不同层级、不同业务板块，设计完成的培训体系能够使国际业务相关领导和培训学员明确国际化人才能力发展路径。

2.培训内容

受访领导专家提出，希望能够在国际化人才培养项目中为学员提供：① 经验分享类课程：央企"走出去"案例分享、跨国公司经营实战经验、项目现场执行案例、客户关系管理案例等。② 金融财务类课程：项目融资、国际财务管理、国际税收等。③ 语言沟通类课程：语言能力、跨文化团队沟通等。④ 综合性课程：通过将语言、法律、商务培训等课程进行系统性综合搭配，增强国际化人才"专业+商务"的综合应用能力。

3.培训形式

通过国际化业务板块领导和接受过国际化培训的驻外员工反馈，可将相关单位对培训形式的需求总结为：希望能够向培训需求较大的单位提供驻场培训或在线培训，以适应忙碌的业务工作；可向拔尖人才增加实战性强、学员沟通机会多的课程；集中式授课可选择具有丰富实践背景的师资，进行案例教学等。

三、调研结论及其对公司国际化人才培养的启示

启示一：在公司国际化队伍的建设培养过程中，有以下四类关键人群需要关注，分别是高层领导班子、职能经理、项目经理和商务人员。其中，四个关键人群队伍以项目经理和商务人员为先导。随着国际化进程的迅速发展，工作业务对这四类关键人群的综合能力和决策能力要求将快速提高。

启示二：随着公司国际业务的深入推进，国际化人才的覆盖范围将不只局限于当前紧缺的外派人员，国内的支持人员、海外的外籍员工，以及关键的外部合作伙伴也将成为国际化培训体系服务的重要目标。同时，有关国际并购、海外运营、工程承包、装备出口等关键业务能力，也将是国际化人才培养提升的重点。

第三章
国际化人才能力模型

———

没有标准，就没有前行的目标。构建清晰、明确、分层的国际化人才能力模型是有效设计国际化人才培训的起点与基础，是培训项目实施、评价的准绳，也是国际化人才培训所要达成的目标。我们在调研访谈、对标研究的基础上，通过引入胜任力结构模型、价值分析矩阵等研究方法，系统构建了公司国际人才培训标准体系，为培训体系的进一步建设和完善打下了基础。

第一节 能力的相关界定

一、能力概念的来源

能力（Competency），又称素质、胜任力、胜任能力（为统一起见，本文统称能力）。这一概念最早出现在1973年美国心理学家、哈佛大学教授大卫·麦克利兰（David McClelland）发表的文章《对能力而非智商进行测试》（Testing for Competence rather than Intelligence）中。[1]他指出，应该改变过去那种对人的认知能力进行总体测试的方法，转而衡量那些对人在某一特定工作中的绩效表现有直接影响的特征。他把这些特征称作能力。

———

[1] McClelland D C. Testing for Competence Rather than Intelligence. American Psychologist, 1973.

　　麦克利兰对能力的研究缘于美国政府的一次外交官选拔活动。当时他接到美国政府要求帮助甄选驻外联络官（Foreign Service Information Officers, FSIO）的任务。要成为FSIO，必须通过一种十分苛刻的被称为"驻外服务官员测试"的考试，关键评价内容包括：① 智商；② 学历、文凭和成绩；③ 一般人文常识与相关的文化背景知识。然而实践证明，许多经过严格挑选出的FSIO并不能胜任自己的工作，这也正是政府求助于麦克利兰教授的原因。

　　接到任务后，麦克利兰研究小组认为首先应解决的问题是：如果传统的选择标准不能有效地甄选胜任者，那什么样的标准是合理和正确的？为了找到答案，他们采用了对比分析的方法。具体步骤是：先找出表现最为优异的FSIO和一般称职的人员，分为绩优者与绩效一般者两组，借助行为事件访谈法（Behavioral Event Interview, BEI）分别与他们进行沟通，总结出绩优者和绩效一般者在行为和思维方式上的差异。这些绩优者区别于绩效一般者的特征就是能力，也就是可供甄选的标准。

　　最后，麦克利兰研究小组找到了FSIO的三种核心能力：

　　（1）跨文化的人际敏感性。即深入了解不同的文化，准确理解不同文化背景下他人的言行，并明确自身文化背景可能带来的思维定势的能力。

　　（2）对他人抱有积极期望。尊重他人的尊严和价值，即使在压力下也能保持对他人的积极期望。

　　（3）快速进入当地政治网络的能力。迅速了解当地人际关系网络和相关人员政治倾向的能力。

　　这三条能力都是通过研究绩优者的具体工作行为而得出的，并被真正应用到FSIO的甄选当中，实践证明，以能力为依据来甄选FSIO是有效的。

二、能力概念的含义

　　关于能力概念的含义，古格里米诺（Guglielmino，1979）认为能力包括三个方面：概念能力、人际能力、技能能力。[1]胡格姆斯（Hooghiemstra，1992）认为，能力是动机、特性、自我定义、态度价值、知识内涵、认知技能以及行为技能。[2]斯宾塞（Spencer，1993）认为，能力是在同一项工作或一定条件下，参照标准的优秀业绩确定出来的具有因果关系的个人潜在特点。潜在特点是指存在于个体性格中较深层次部分的，并且较持久的能力，可以通过它来预测个体在各种条件下和工作任务中的行为和绩效表现。因果关系就是指这些潜在特点即能力能够产生或预示行为和业绩。[3]杜柏斯（Dubois，1993）认为能力是为达到或超出预期质量水平的工作输出所必须具备的能力。能力是一名员工潜在的特性，例如动机、特质、技能、自我形象、社会角色、所拥有的知识等，这些因素在工作中会导致有效或杰出的绩效表现。[4]斯宾塞和麦克利兰（Spencer and McClelland，1994）在1994年的研究中认为能力是指动机、特质、自我概念、态度价值观、知识技能等能够可靠测量并能把高绩效员工与一般绩效员工区分出来的任何个体特征。[5]

在学者们对能力进行研究的同时，一些行业协会或管理咨询机构也提出了各自的观点。例如美国薪酬协会（The American Compensation Association, ACA）认为能力是个体为达到成功的绩效水平所表现出来的工作行为，这些行为是可观察的、可测量的、可分级的。

综合学界和行业观点，我们认为"能力"的内涵应该是在既定的工作、任

---

[1] Guglielmino P J. Developing the Top-level Executive for the 1980's and Beyond. Training and Development Journal，1979.

[2] Hooghiemstra T.'Integrated Management of Human Resources'in Competency-based Human Resource Management. London：Kogan Press，1992.

[3] Spenser L, Spenser S M. Competence at Work: Models for Superior Performance［M］. New York: John Wiley & Sons，1993.

[4] Dubois D. Competency-Based Performance Improvement：A Strategy for Organizational Change. HRD Press，1993.

[5] Spencer L M，McClelland D C，Spencer S. Competency assessment methods：History and State of the Art. Boston：Hay-McBer Research Press，1994.

务、组织或文化中区分绩效水平的个人特征。能力决定一个人是否能够胜任某项工作或者说很好地完成这项工作。能力是驱使一个人产生优秀表现的个人特征。因此，每一项能力都有特定的行为表现，并预示着未来的绩效。

三、能力概念的发展

麦克利兰（McClelland，1973）在1973年提出了"冰山模型"，该模型认为，人员能力的不同表现可以划分为暴露在表层的"冰山以上部分"和隐藏在底层的"冰山以下部分"（见图3-1）。研究发现，冰山显露的部分，即知识、技能与经验，很难解释绩优者的成功；而冰山底端潜在的部分，即社会角色、自我形象、个性特点与动机等因素，往往是决定一个人绩效结果的关键。其中，知识表示个人在一个领域内所掌握的信息总和，技能经验表示个人运用其所掌握的信息的方式和方法，社会角色表示个人呈献给社会的形象，自我形象表示个人对自己形象的定位，特质表示个人以一定的方式产生行为的性情和气质，动机表示对行为不断产生驱动作用的需要和想法。在冰山模型中，越是处于深层的因素越重要，对人的行为和绩效的影响程度越大。

图3-1　冰山模型

对于能力的概念，总的来说存在着两种观点。一种观点认为，能力是潜在的、持久的个人特征（Personal Attributes）。这种观点强调，能力是个体的潜在特征，它是不具体的，但可以通过外在的行为表现被发掘到。特征观理论着重从发现人的内在特征的角度来研究人的能力。另一种观点则将能力看作是个体的相关行为（Clusters of Related Behaviors）。此观点认为，能力是"保证一个人胜任工作的、外显行为的维度"行为观理论着重从外显的人的行为来研究能力。

综合比较能力的各种概念和两种观点，重点参照冰山模型，我们认为能力是在既定的工作、任务、组织或文化中区分绩效水平的个人特征的集合，是驱动员工产生优秀工作绩效的各种个人特征的集合，是可以通过不同方式表现出来的知识、技能、价值观、态度、社会角色、个性与内驱力等。能力依据冰山模型分为表象能力和潜在能力，尤其是潜在能力会对人的行为和绩效表现起决定性的影响作用。

四、能力的类别

斯宾塞（Spencer，1994）在麦克利兰"冰山模型"的基础上，将能力分为知识/技能、自我认知/社会角色、个性/动机三类。其中，知识技能表示促进团队交流的能力、影响能力、战略领导能力、演讲能力等；自我认知/社会角色表示客户导向、商业导向、建立关系、结果导向、社团导向、企业家定位等；而个性/动机包括成果驱动、分析型思考、概念型思考、主动行为、弹性、判断力、系统思考、学习能力等。❶

---

❶ Lyle M Spencer，Sige M Spencer. Competence at Work：Models for Superior Performance. New York：John Wiley & Sons Inc.，1993.

第二节 能力模型的相关界定

一、能力模型的来源

能力模型（Competency Model）是伴随着"能力"概念的出现而产生的。通常认为，最早的能力模型来源于麦克利兰研究小组为美国政府进行的FSIO选拔活动。当研究小组发现了绩优人员区别于绩效一般人员的特征也就是"能力"后，按照特定的原则进行分层分级，形成体系，从而构建了最早的能力模型。

二、能力模型的含义

卢西亚和莱普辛（Lucia and Lepsinger，1999）认为，能力模型主要回答了两个问题——完成工作所需要的技能、知识和个性特征是什么，以及哪些行为对于工作绩效是具有最直接影响的。[1]麦克莱根（Mclagan，1996）认为，能力模型是一种用以描述操作一项特定工作的关键能力的决策工具。在很多情况下，能力模型比工作描述更可靠，比技能列表更可靠，比内部感受的目标性更强。[2]英国管理学家麦斯菲德和马歇尔（Mansfield and Mitchell，1996）认为：能力模型是与能力不同的两个概念。因为能力模型是基于对个体在工作中应实现的工作产出的描述，而不仅仅是他们在工作中应该具有的知识和技能、在工作中应该采取的态度以及应该承担的职责。在他们看来，能力模型通常是"全息"的，包括对一岗位所有工作角色的期望，以及不同工作角色之间的关

---

[1] Anntoinette D Lucia，Richard Lepsinger. The Art and Science of Competency Models. Pinpointing Critical Success Factors in Organizations，1999.

[2] McLagan P. Great ideas revisited：Creating the Future of HRD. Training and Development，1996，Vol.50(1).

系。❶斯宾塞（Spencer，1993）认为，能力模型是指能和参照效标（优秀的绩效或合格绩效）有因果关系的个体的深层次特征的集合。这一概念包括三个方面的含义：深层次特征、因果关系和参照效标。

综合各方面的观点，我们认为，能力模型是为了完成某项工作、达成某一绩效目标，要求任职者具备的一系列不同能力要项的组合。这些能力要项是从能力特征中筛选出来的，可以来源于通用能力词典，也可以是企业定制的，但都要对能力要项进行分级并规定任职者至少要达到的能力层级，如果没有规定需要达到的层级，则只是能力词典不是能力模型。

三、能力模型的类别

国际著名的人才发展专业研究机构Bersin & Associates研究发现，企业的能力模型通常分为以下三种：

第一种是通用能力模型，即包括领导者在内的组织全体成员均适用的能力模型，它是企业的核心DNA，通常只包含4~6个能力要项。

第二种是领导力能力模型，针对组织内各层管理者设计，领导力能力模型包含了对领导者来说最为重要的能力要项，通常与岗位职能关联度不大，一般为4~8项。

第三种是专业序列能力模型，针对组织内不同专业、不同职能的员工设计，与特定岗位序列的特点和要求相关联的，包含的能力要项可多可少，依据客户企业的要求和实际工作量来确定。❷

---

❶ Mansfield B, Mitchell L. Towards a Competent Workforce [M]. London：Gower Publishing, 1996.

❷ Bersin J. High-Impact Talent Management: Trends, BBest Practices and Industry Solutions [M]. Bersin & Associates Industry Report, 2007.

四、能力模型的应用

随着麦克利兰以来的大批学者及行业协会、咨询公司的推动，能力模型被应用于几乎所有的全球知名企业中，比如GE的"4E+P"领导力模型：Energy（活力）、Energize（鼓动力）、Edge（决断力）、Execute（执行力）、Passion（激情）。宝洁的5E模型为：Envision（高瞻远瞩）、Engage（全情投入）、Energize（鼓舞士气）、Enable（授人以渔）、Execute（卓越执行）等。在这些企业中，能力模型作为人才选拔、评估、培养、晋升的标准，被广泛地应用于招聘选拔、绩效管理、人才梯队建设、个性化培训和职业发展中，并为企业的战略变革、组织业务转型等，提供稳定、有效的人才保障。

第三节　公司国际化人才能力模型构建

一、公司国际化人才能力模型结构

美国著名的人才与组织发展研究机构Bersin & Associates对能力模型结构的一项研究结果显示，能力模型可基本分为领导力、专业力和通用力三类。这一分类模型在行业内得到广泛应用，并取得了良好效果。考虑到公司国际化业务正处于快速发展时期，目前对国际化人才能力培养的重点主要集中在以下方面：一是外派人员的国际市场开拓力、跨国经营能力、带团队的国际化领导力；二是经营海外电网业务的专业能力；三是国际化通用能力。因此，我们认为公司国际化人才的能力模型应当为包括国际化领导力、专业力、文化力三类，以分别对应国际化人才在"软实力""硬实力""价值观"方面成长需要，具体如下：

（1）国际化领导力L（Global Leadership Competency）。它是公司不同层级员工需要具备的国际化管理能力；与管理层级有关，体现在日常的管理行为中，而与专业职能的关联相对较弱。

（2）国际化专业力F（Global Functional Competency）。它是不同业务线条或职能所特有的行为要求，是该职能获取成功的关键所在，与岗位工作内容关联较强。

（3）国际化文化力V（Values）。它是公司全员应深植入脑植入心的企业文化，是公司的文化DNA，代表了企业的核心价值观。

从国际化人才整体的能力组合来看，随着层级的递增，对国际化专业力的能力要求占比逐渐减少；对国际化领导力的能力要求占比逐渐增加。比如较为初级的国际化员工，作为个人贡献者，工作主要以具体的、程序化的、操作性强的、工作结构相对稳定的任务为主，因而对于其国际化能力要求以国际化专业力和企业文化力为主，对其国际化领导力要求较少。而在处于管理层级的国际化人才，作为组织管理者，工作主要以关键的、模糊的、动态的、跨职能或部门的任务为主，因而组织对其国际化能力要求以国际化领导力要求为主，辅以国际化专业力和企业文化力。因此，公司国际化人才能力模型呈现为"三力支撑，各有侧重"的结构（见图3-2）。

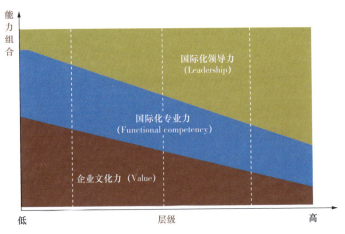

图3-2　公司国际化人才能力模型结构图

二、公司国际化人才能力模型构建方法

传统的能力模型构建过程以麦克利兰教授开发的行为事件访谈法（Behavioral Event Interview, BEI）为单维输入，通过岗位锚定、对照分组、关键要素访谈、解码分析等规范的过程，获取与高绩效相关的能力信息。规范的操作如下：

针对一个岗位，找出两组相对照的样本：一组为绩效优异者，另一组为绩效平平者。对他们进行访谈，让被访者举出若干个具体的行为事例和"关键事件"来说明导致他们成功（或失败）的关键要素（详细询问何时、何地、何人、何因、何果等要素）。然后，由专业人员对访谈资料进行系统分析，根据素质词典进行精密的编码，通过统计分析，找出绩效优异者和绩效平平者存在区别的素质特征。这些存在区别的素质特征就是这个岗位所需要的素质。

以上是能力模型研究领域最流行的行为事件访谈法，然而该方法也有自身的局限性。一般而言，这种单维的能力模型构建方式是立足于当下，在已经成熟的业务中，分辨出一般绩效和优秀绩效人员之间的关键能力项。但是在构建的过程中更着眼于当下，相对静态，容易忽视组织发展战略对人员能力的要求，在前瞻性上有所欠缺。

因此，在BEI访谈的基础上，我们综合采用了多维度输入的能力模型构建方法，从以下四个维度构建公司国际化人才能力模型（见图3-3）。

（1）战略要求维度。该维度以国家电网国际化战略为前提，立足于未来，以发展的视角，通过将企业的战略逐层分解到各管理运作层面，建立命令链的纵向协同与跨部门的横向协同，使企业从高层管理者到一线员工对企业的战略建立明确和统一的认识，树立有效影响战略落地的选人观、育人观、用人观、价值观、决策观，使具备国际化业务胜任力的员工成为战略执行自下而上的有力支撑。适用于构建国际化领导力能力模型以及与国际化专业力能力模型（特别适用于与战略关系紧密的业务类型）。

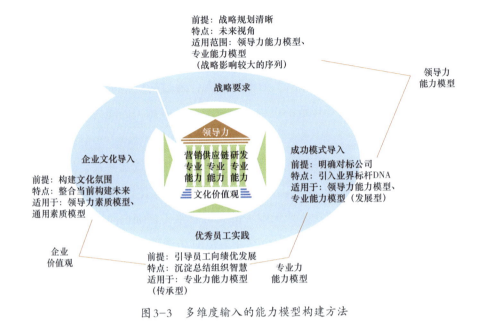

图 3-3　多维度输入的能力模型构建方法

（2）优秀员工实践维度。该维度用于引导员工向绩优发展，通过对比绩效优异者与绩效平平者的行为态度，沉淀总结组织智慧，帮助员工改进业绩表现，使更多具备一定国际化业务潜力的员工向绩优员工转变，适用于国际化专业能力模型及核心业务序列的模型构建。

（3）成功模式导入维度。该维度在明确了对标公司的前提下，从外部同业优秀企业和国内优秀国际化企业的视角，观察优秀企业的"人才DNA"，将有助于国际化战略目标达成的能力、行为、态度引入公司国际化人才发展范畴，甄选出适用于公司自身条件的"人才DNA"，进而对国际化人才加以培养，一般适用于国际化领导力模型及具有发展或变革性质的国际化专业能力模型构建。

（4）企业文化导入维度。该维度以公司稳定的文化氛围为前提，从内部的角度，整合当前、构建未来，提高员工的战略传递力、组织认同感，适用于国际化领导力模型和企业价值观的构建。

多维度输入的能力模型构建相对于传统的单维度构建方法，更具全局性、前瞻性、适用性和接受性。

就全局性而言，多维度输入的构建方法分别从未来与当下、外部与内部四个维度全面扫描公司国际化的进程中组织对国际化人才的能力要求。各维度与对应的构建方法既相互独立，又全面覆盖了公司在各阶段、各角度对国际化人才能力的要求。

就前瞻性而言，多维度输入的构建方法既深入研究了公司国际化战略思路的要求，又兼顾到了标杆企业的成功所蕴含的未来发展可能性；既关注了公司自身战略的特殊性，又关注到了行业发展规律的普遍性。

就适用性而言，多维度输入的构建方法既把握了公司推进国际化的业务特点，又兼顾了公司长期以来形成的深入人心的价值观；对组织成员"硬实力"和"软实力"进行全面覆盖。

就接受性而言，多维度输入的构建方法重视从内部优秀员工实践和企业价值观入手，从当下与未来的发展思维入手，对外部资料进行批判性的参考、改造和应用。

三、公司国际化人才能力模型的构建过程

在明确了多维度输入的国际化人才能力模型构建思路后，具体到各类能力模型的构建，对"国际化三力"分别采用了对应的构建方式（见图3-4），具体为：

（1）在国际化领导力模块上，采用三种方式：战略要求输入、对标研究输入和绩优员工输入。

（2）在国际化专业力模块上，以专家小组讨论为主，以绩优员工访谈和问卷验证予以辅证。

（3）在国际化文化力（价值观）模块上，输入公司的价值观，并在后期进行内涵分析。

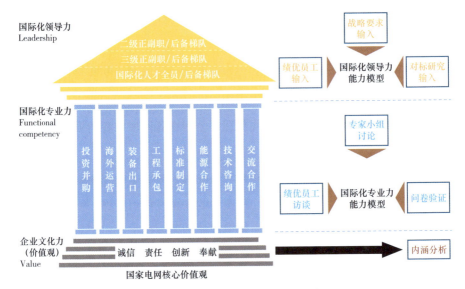

图3-4　公司国际化人才能力模型构建框架

（一）国际化领导力模型构建

在公司国际化人才能力模型的框架构建基础上，我们根据领导力研究领域成熟成果——哈佛大学教授拉姆·查兰（Ram Charan）《领导梯队》中提出的"领导力维度"观点，从领导战略、领导业务、领导协作、领导团队、领导自我五个维度构建国际化领导力能力模型的框架，❶并通过战略要求输入、对标研究输入和绩优员工输入三个维度的构建方法进行能力解码和分析。

（1）在战略输入维度，我们通过研读公司战略报告等文件，将公司国际化业务发展重点按照业务序列归纳如下：

1）跨国投资并购序列：开展海外优质电网资产的投资。

2）海外资产运营序列：加强海外资产运营管理，强化盈利和风险防范能力。

---

❶　Charan R, Drotter S, Noel J. *The Leadership Pipeline 2nd edition* [M]. New York: Jossey-Bass，2011.

3）电工装备出口和国际工程承包序列：大力推进电工技术装备输出和国际工程总承包。

4）国际标准制定序列：积极参与国际组织和国际标准制定，建立海外研发机构，提升国际交流水平，提高公司国际话语权和影响力。

5）国际技术咨询、国际能源合作和国际交流合作序列：开展国际电力技术管理咨询服务、国际能源合作及其他国际交流合作，形成国际业务多元化格局。

据此通过战略解码，推导得出一部分国际化领导力能力项，即：全球视野、利益平衡、风险防控、依法经营、建立合作伙伴关系、形象传播、政府关系建维、策略影响、管理多元化团队、高度认同企业价值观和企业文化、适应性、主动学习、文化敏感，共13项。

同时通过价值分析与领导力风格矩阵工具，对公司的国际化业务进行价值定位分析：

1）公司属于公用事业类企业，国际化经营的整体更关注于业务发展的稳定性。

2）现有盈利性国际化业务主要包括海外投资并购、海外资产运营、装备出口、海外工程承包等业务。其中，战略要求海外投资并购和海外资产运营业务的发展以参与财务运营、管理运营为途径，以获取利润回报、股利分红为目的，偏向稳健的回报性战略；装备出口和海外工程承包业务以复制和输出国内优势产品和服务，扩大市场份额和销售利润为目的，偏向积极的增长性战略。

借由价值分析与领导力风格矩阵，明确了公司国际化业务在矩阵中呈现出"三长一短"分布，即：公司的"国际化"战略采用渐变方式进行变革，在此过程中占主导地位的各业务序列在回报战略、增长战略中各有侧重。因而，综合矩阵中左下和右下两个区域，其所需要的关键领导力能力项主要包括反应迅速、承担风险、风险管理、规划管理、注重成效等方面（见图3–5）。

图3-5 战略价值定位——领导力风格矩阵

（2）在对标输入维度，我们开展了对国际化电力企业（意大利国家电力公司、德国莱茵集团），成功实践"国际化"战略的国内企业以及学界知名研究机构（《哈佛商业评论》）在该领域的成果，将其对国际化人才能力的要求梳理在领导战略、领导业务、领导协同、领导团队和领导自我的五维框架中（见表3-1），整合提炼出战略传递、全局意识等15项胜任力要求。例如，在领导战略方面，意大利国家电力公司提出了"引领变革"这一胜任力要求，德国莱茵集团提出"战略执行力"要求，国内知名国际化企业提出"全球化思维、战略化思维、设定挑战目标"要求，《哈佛商业评论》则认为"战略传递"是国际化领导者的战略领导内容。对标企业作为行业领先的国际化企业，一方面处于技术、管理、市场和资金的领先位置，国际化业务板块的管理者应具备战略前瞻、积极开拓、引领变革的眼光；另一方面，企业业务的全球化要求各国际化业务板块人员既要发掘所处市场潜力，又要与母公司保持战略的协同性，因而全球化、全局化的思考问题是管理好国际化业务的关键，传递和发展好集团战略是国际业务板块实现长远发展的根本。结合《能力辞典》对能力项的科学界定，我们以"战略传递"来概括国际化人才能够以国际市场潜在的长远利益为重、准确识别公用事业行业发展的方向和重点，主动规划战略布局的能力；以"全局意识"来概括国际化人才能够充分理解集团战略，思考及决策时从集团整体的利益出发，全链条地思考机会与冲突，平衡所驻地和集团总部的利益，确保所驻地工作方向与总部整体战略一致的能力。由此整合推导出与"领导战略"能力项有关的"战略传递"和"全局意识"两项能力。

表3-1   成功模式导入与整合（对标能力模型）

能力项	意大利国家电力集团	德国莱茵集团	国内知名国际化企业	哈佛商业研究	整合
领导战略	引领变革	战略执行力	全球化思维 战略化思维 设定挑战目标	战略传递	战略传递 全局意识
领导业务	风控履责 结果导向	商业决策 创新力 变革推动力	重视质量 科学管控 事实导向 快速执行 应对不确定性	区域反应 市场敏锐 机会预测与识别 规避风险	业务敏锐 风险承担 高效执行 快速反应 运营决策
领导协同	关怀客户	—	及时沟通 赢得信任	有效沟通 客户导向 政府关系维护	沟通协同 关系建维
领导团队	发展他人	建立高效团队 发展他人	激励多样团队 团队开拓力 适时激励下属 发展他人 有效领导 促进海外学习	管理多元团队 整合协调	激励团队 管理多元团队 发展他人
领导自我	安全第一	尽职履职 充满热情 学习改进	信守承诺 充满激情	信息收集 标杆学习 专业优势	主动学习 充满激情 信守承诺

（3）在访谈输入维度，我们对公司国际化业务多位领导、专家进行了访谈，梳理海外业务成功案例，依据能力词典解码分析当前国际化人才优秀群

体的普遍特质，并在全部访谈解码中，按照反复提及（大于9次）、多次提及（5~9次）、部分提及（小于5次）进行能力项重要性分类（见图3-6）。通过对访谈结果进行统计，并对照前期输入整合的公司国际化人才领导力能力项，总结得出运营决策、沟通协同、系统思考、关系建维、快速反应、高效执行、信息收集、专业精深、文化敏感、开放包容、主动学习等对国际化绩优人才影响最大的能力项。

二级正副职	内涵	运营决策	策略影响	形象传播	渠道开拓	战略理解	业务规划	使命感召	推动执行	管理多文化团队	利益平衡	全局视野	风险承担	业务敏感	创新意识
	统计结果	12	7	7	6	5	5	5	5	5	3	3	3	2	1

三级正副职	内涵	沟通协同	系统思考	关系建维	快速反应	高效执行	信息收集	风险控制	行业洞察	文化冲突解决	结果导向	支持决策	客户导向	激励团队	整体意识	关怀下属	绩效导向
	统计结果	17	16	14	12	11	11	9	5	5	4	4	4	4	3	3	2

通用	内涵	专业精深	文化敏感	开放包容	主动学习	主人翁意识	人际理解	积极乐观	灵活应对	安全意识	追求成功	真诚亲和	自律意识	信守承诺	传递信心
	统计结果	27	17	11	11	9	8	6	6	6	4	3	3	2	1

反复提及	>9次
多次提及	5~9次
部分提及	<5次

图3-6　国际化领导力访谈解码

在公司国际化人才领导力能力项的初步整合阶段，我们以前期的战略输入、标杆输入、访谈输入为基础，在领导力五维度框架下梳理出不同层级国际化人才领导力能力项系列（见图3-7）。

战略输入	标杆输入	访谈输入	
领导战略	全球视野、利益平衡、规划管理	战略传递、全局意识	战略理解
	—	战略传递、全局意识	系统思考、行业洞察
领导业务	风险防控、依法经营	业务敏锐、风险承担、运营决策	运营决策、业务规划、推动执行
	注重成效、风险管理、反应迅速	快速反应、风险控制、高校执行	快速反应、信息收集、风险控制、高效执行
领导协同	建立合作伙伴关系、形象传播、政府关系建维、策略影响	—	策略影响、形象传播、渠道开拓
	政府关系建维	沟通协同、关系建维	关系建维、沟通协同
领导团队	管理多元化团队	管理多元化团队、发展他人	管理多元化团队、使命感召
	—	激励团队、发展他人	跨文化冲突解决
领导自我	高度认同企业价值观和企业文化 适应性 主动学习 文化敏感	主动学习 充满激情 信守承诺	专业精深、文化敏感、开放包容、主动学习、主人翁意识、人际理解、积极乐观、灵活应对、安全意识

全局视野	前瞻思考	战略理解	利益平衡	业务规划	领导战略
系统思考	行业洞察	整体意识	创新能力		
运营决策	风险承担	业务敏感	推动执行	绩效导向	质量导向	领导业务
高效执行	风险控制	支持决策	快速反应	结果导向	追求卓越	
渠道开拓	形象传播	谈判能力	策略影响	客户导向	领导协同
沟通协同	关系建维	谈判能力	信息挖掘	客户导向	
多元化团队管理	授权委责	使命感召	关怀下属		领导团队
跨文化冲突解决	激励团队	关怀下属	授权委责		
积极乐观、开放包容、文化敏感、灵活应对、追求成功、主动学习、主人翁意识、传递信心、坚韧不拔、人际理解、真诚亲和、信守承诺、专业广度、专业深度、专业形象					领导自我

图3-7　国际化领导力能力项初步整合（问卷验证前）

在问卷验证阶段，课题组基于前期整合出的关键能力项，编制调查问卷，并在公司主办的国际化人才培训班中发放。根据受访者的认同意见和能力词典的调整，整合得出局级领导四维度国际化领导力能力项14项，处级及以下员工四维度国际化领导力能力项13项，国际化通用能力项13项（见表3-2~表3-4）。

表3-2　　　公司国际化人才领导力"NEWS"模型（二级正副职）

战略传递	全局意识
	前瞻眼光
	业务规划
业务决策	业务敏感
	判断决策
	推动执行
	风险承担

续表

	渠道开拓
发展战略关系	策略影响
	形象传播
	危机管理
	使命感召
管理团队	管理多文化团队
	授权委责

表3-3　　公司国际化人才领导力"NEWS"模型（三级正副职及以下员工）

	系统思考
战略意识	行业洞察
	战略执行
	快速反应
业务执行	支持决策
	高效执行
	风险控制
	关系拓维
发展伙伴关系	沟通协同
	信息挖掘
	激励团队
营造氛围	跨文化冲突解决
	关怀下属

表3-4　　　　公司国际化人才领导力"NEWS"模型（通用）

	积极乐观
灵活适应	开放包容
	文化敏感
	灵活应对

续表

	自律意识
自律履责	安全意识
	责任意识
	专业深度
专业精深	专业广度
	专业形象
	人际理解
人际沟通	信守承诺
	真诚亲和

至此，公司国际化领导力能力模型搭建基本完成（见图3-8）。

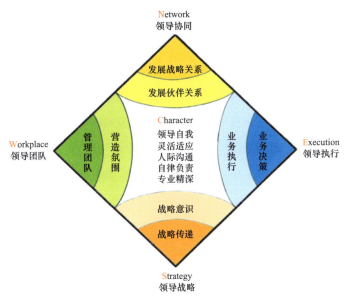

图 3-8　公司国际化领导力 "NEWS" 模型

（二）国际化专业力模型构建

公司国际化专业力能力模型的构建，以专家小组讨论为主，以绩优员工访谈和问卷验证为辅。

（1）在专家小组讨论维度，深入分析公司国际业务专家小组讨论成果。专家小组讨论法（Expert Panel）是迅速收集能力特征的方法之一，集中专家智慧，通过专家之间面对面的交流和头脑风暴法迅速获得大量信息。参与小组讨论的成员具备了有关参与人员资深性、多样性的要求。经过深入讨论，确定了各主要业务序列的专业技能资格要求。进而对各业务序列进行工作链研究，按照MECE分析法（中文意为"相互独立，完全穷尽"），提炼八条业务线上全部的典型工作任务——如果将这些典型工作任务按特定顺序组合起来，则可得出任一业务线的整条工作链；如果将这些典型工作任务逐一拆分开来，各工作任务内容又完全独立于其他。

（2）在绩优员工访谈维度，总结来自海外投资并购序列、海外资产运营序列、装备出口序列、海外工程承包序列和国际交流合作序列受访人的访谈记录，梳理各业务序列国际化战略、关键任务和关键能力。

我们以"专业力—工作链"矩阵为推导工具，对投资并购、海外运营、装备出口、工程承包、标准制定、能源合作、技术咨询、交流合作等国际业务细分领域的专业能力要求，从战略洞察力、市场掌控力、管理执行力、产业领导力、资源运筹力和社会影响力等维度进行了深入分析，形成了国际化专业力"ISMILE"模型，得出国际化专业力能力项共28项（见图3-9）。具体包括：

1）跨国投资并购序列4项：行业机会洞察能力、优质资源开拓与甄选能力、海外并购执行力、国际资本整合能力与财务运作能力。

2）海外资产运营序列3项：深度运营管控能力、收益风险平衡能力、企业品牌影响能力。

3）电工装备出口序列（含海外工程承包序列中的销售智能人员）4项：海外市场营销能力、海外工程风险控制能力、工程系统集成与整包能力、装备

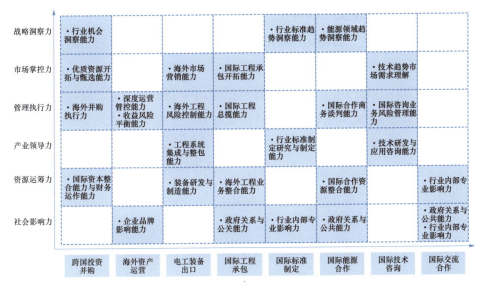

图3-9 国际化专业力"ISMILE"模型

研发与制造能力。

4）国际工程承包序列4项：国际工程承包开拓能力、国际工程总揽能力、海外工程业务整合能力、政府关系与公关能力。

5）国际标准制定序列3项：行业标准趋势洞察能力、行业标准制定研究与制定能力、行业内部专业影响力。

6）国际能源合作序列4项：能源领域趋势洞察能力、国际合作商务谈判能力、国际合作资源整合能力、政府关系与公共能力。

7）国际技术咨询序列3项：技术趋势市场需求理解、国际咨询业务风险管理能力、技术研发与应用咨询能力。

8）国际交流合作序列3项：行业内部专业影响力、政府关系与公共能力、行业内部专业影响力。

（3）在问卷验证维度，我们将前期整合出的关键能力项，编制调查问卷，在公司举办的国际化人才培训项目中进行发放。反馈结果验证了国际化专业力能力项体系的全面性、准确性和前瞻性。

（三）国际化文化力（价值观）模型构建

大量实践证明，"国际化"战略的成功与否的决定性因素之一是企业的组织文化能否在东道国分支机构落地生根。比如，法国电力集团将企业战略文化的凝聚和更新任务赋予法国电力集团的企业大学，通过集中式、面对面的高层管理者最佳实践交流、战略研讨，将法国电力集团的文化DNA注入全球各地区的高层管理团队中；意大利国家电力公司通过"One Company"政策，在全球各分支机构中推行统一的企业价值观。组织文化力被视为实现组织认同、组织融合、组织协调、组织创新的重要力量。

国家电网多年来服务中国社会、深耕电力行业，始终保持强烈的事业心、责任感，向着国际领先水平持续奋进，敢为人先、勇当排头，坚持不懈地向更高质量发展，向更高目标迈进，精益求精、臻于至善，在国际上的发展定位是长期、稳定的行业投资者。公司秉持可持续发展理念，坚持长期化、本土化、市场化运营，依靠当地管理团队，加强技术交流和合作，积极履行企业社会责任，促进当地劳动就业，努力为当地社会创造经济、社会和环境综合价值。因此，我们将公司的价值理念体系作为公司国际化文化力能力模型的能力项。

基于以上工作，我们在公司国际化人才能力模型的构建过程中，综合领导力、专业力和文化力（FLV）三项能力，一是在领导力模型的构建中，以领导战略、领导业务、领导协同、领导团队和领导自我五个维度，对国际化人才队伍中的领导人员进行细分解析。二是在专业力模型的构建中，运用"专业力—工作链"分析工具，构建了覆盖公司国际化8项细分业务的专业力能力体系。三是在文化力模型的构建中，引入了公司价值理念体系。最终形成了包括国际化各职务层级、各业务领域在内的共计57个细分项目的国际化人力"三力FLV"能力模型（见图3-10）。

图 3-10 国际化人才"三力 FLV"能力模型

（四）公司"四极两维"国际化人才类型细分

1.国际化培训类型细分

在形成完整的公司国际化人才能力模型之前，我们综合公司国际化业务开展和人才发展两个维度，对公司国际化人才进行了深入细分，设计了"四极两维"国际化人才类型细分，为构建能力模型、完善培训体系、实现精准化培训奠定了基础。

（1）业务开展维度。根据标杆企业的典型经验，国际化培训体系的构建与公司国际化发展进程密切相关。随着公司国际业务的拓展，培训对象不应只局限于外派高管，而应逐步拓展，涵盖外派项目人员、国内支持人员、海外本土员工和外部利益相关方，共四大类人群（见图 3-11）。

第一，针对外派项目人员的培训，一直是公司国际人才培训的重点。加强该类人员的培训力度主要是为了在短期内提升业务人员的岗位胜任能力，解决当前的人才供给问题。

第二，将国内支持人员纳入培训体系是顺应公司国际业务发展需要的重要突破。它的开展主要是为了拓展国际化培训的受众范围，以使内部更多员工能够充分地理解和认识到公司"走出去"的战略意图和发展前景，并积极地投身到该项事业中来，也可以在国内为海外人员提供更好的国际化业务对接服务。

第三，针对海外本土员工的培训是在大量调查研究基础上提出的一项新的培训内容。随着公司海外业务布局的扩展，外籍员工的数量不断上升，并逐渐成为公司员工队伍的重要组成部分。加强此类人员的培训，将有助于促进中外员工的交流融合，创造互助合作、团结信任的工作氛围。

第四，将外部利益相关方纳入培训范畴，旨在建设国际化交流平台，来加强公司优秀实践的海外传播力度，从而达到树立公司品牌形象，推进国际业务全面发展的目的。

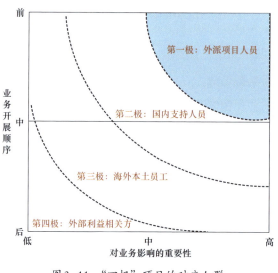

图 3-11 "四极"项目的对应人群

（2）人才发展维度。在通常的培训实践中，领导人员与业务人员因在胜任力标准方面存在明显差异，因而适宜采用分开培训的模式。为了保证培训项目的适用性，对上述"四极"项目的对应人群（前三类）按照领导人员和业务人员两个维度进行了进一步的聚焦细分。

首先，在领导人员维度，经过对当前国际业务领导人员实际构成情况的调研，进一步将领导人员细分为二级正副职和三级正副职两个层级，以提高关键人群培训的针对性。

其次，在业务人员维度，根据公司国际化战略部署，将业务人员细分为八大业务领域，依次是跨国投资并购、海外资产运营、电工装备出口、国际工程承包、国际标准制定、国际能源合作、国际技术咨询、国际交流合作。按照这一模式，国际人才的专业培训可以按照业务领域的差异，对课程内容以模块的形式进行有效的匹配和整合，以确保课程设计的科学性和适用性（见图3-12）。

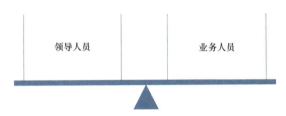

图 3-12 "两维"项目的对应人群

通过以上两个部分的纵横梳理，我们系统构建了"四极两维"国际化人才类型细分（见图3-13），并形成国际人才培训体系的基本框架，将外派人员、支撑人员、外籍员工，以及外部利益相关者等与国际化战略发展密切相关的各类人群，统一纳入到了这一新型的培训体系当中，既顺应了公司国际化战略的发展趋势，同时也确保了每一类人群都能在该体系中找到对应的能力标准和培训方案，为培训体系的建设奠定了良好的基础（见图3-13）。

2.国际化人才能力模型与培训体系整合

公司国际化人才培训目标人群按培训重要性和急迫性，在"四极两维"国际化人才类型细分下，以公司内部人员为主的前三极国际业务外派人员、国内支持人员及海外本土员工三个群体，结合领导人员和业务人员的两维类型划分，具体梳理出国际项目运营领导人才、国际商务管理人才和海外本土员工三大类培训群体，具体来看（见图3-14）：

图 3-13 "四极两维"国际化人才类型细分

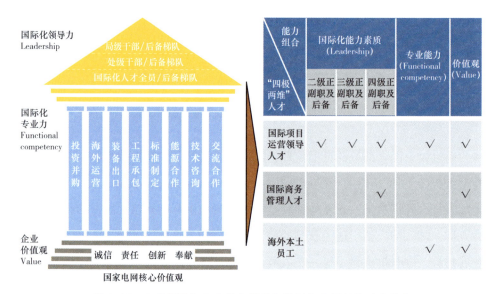

图 3-14 公司国际化人才能力模型与培训体系框架的对应关系

（1）国际项目运营领导人才主要为二级正副职、三级正副职及其他层级领导人员，在海外需具备理性迅速作出决策的能力、独当一面管理业务的能力、代表公司建维关系的能力、专业精深严谨执行的能力。因而，这一群体的国际化能力体现在横有全面的国际化领导力，纵有深厚且适应国际市场的专业能力，且认同和践行公司的价值理念体系。

（2）国际商务管理人才在岗位序列上并不直接参与到公司的国际业务中，但具备一定的间接影响，同时是公司实行国际化战略更为广泛的根基。这一群体的国际化能力体现在具备成熟的国际化视野，能够积极响应公司国际化战略的需要，提供必要的组织支持、职能支持和业务支持；认同和践行公司的价值理念体系，为公司文化力的海外传播打造坚实基础。因此，这一群体的国际化领导力及文化力将得到重点培养。

（3）海外本土员工群体随海外资产运营业务的发展而迅速壮大。现阶段，其角色定位于具备公司价值观的个人贡献者，他们需要以不断深入的专业能力在岗位上创造高绩效，需要在组织文化上积极融入公司事业发展，从而达成组织与个人的双赢。因而，对其能力的要求主要集中在其国际化专业力与文化力上。

第四章
国际化人才课程体系

———

国际化人才培训体系建设是一项系统工程，开发能力模型是为了明确培训内容，并最终落实到具体的培训课程和培训项目上。换言之，构建宽覆盖、多层级针对"四极两维"国际化人才类型细分的课程体系，是国际化人才培训的最终落脚点，也是实施国际化人才培训的蓝图设计的关键步骤。在构建了清晰、明确、分层、分类的"三力"（LFV）国际化人才能力模型的基础上，我们通过对标准的梳理、解析，进行课程内容的匹配优化，以构建系统完善的国家电网国际化人才培训课程体系。

第一节　课程与课程体系的界定

一、课程的含义

课程作为培训实施的载体，是培训项目推进的重要环节。从词意辨析的角度来看"课程"一词的含义不仅包括了静态的"课业"，同时还包括了动态的"教程"和"学程"。英语Curriculum（课程）实际上也有类似的含义，它引申自拉丁文中的"Cureree（跑道）"，直译过来就是"一段教育过程"。奥里亚（Oliva）指出"课程"与"教学"虽在含义上有所差别，但也相互联系；他们互相依赖、相互连接；在研究领域，它们是相互独立的个体。但在实践领域，它们不能以孤立的形态各自运作。❶英国教育家赫伯特·斯宾塞（Spencer）

———

❶ Oliva P. F. Developing the Curriculum. Boston: Little, Brown & Co., 1982.

定义"课程"即是教学内容的系统组织。❶现代课程理论的奠基人拉尔夫·泰（Tyler）也认为：为了使教育经验产生累积效应，必须对它们加以阻止，使它们起到互相强化的作用。❷具体到企业人才培训，我们认为课程应该是企业为实现人才的培养而选择的在岗或不在岗的培训内容及其进程的学习活动，是有目的、有计划的教学活动。

二、课程体系的含义和作用

根据培训建构理论的主张，培训体系的构建以组织战略为主旨，以教学体系为主体，以管理体系为基石。公司国际化战略是培训体系的战略依据，指导着教学体系和管理体系的运行。教学体系是整个培训体系的核心，以管理体系为支持，实现培训体系的整体战略。管理体系是整个培训体系的运营基础，提供后勤保障和制度保障，使培训活动按照战略部署有序进行。❸

一个系统的培训体系主要由以知识、能力、价值观为核心的课程体系，沟通组织内外部信息环境的强大讲师体系，和以服务公司内部价值链为导向的运营体系构成。课程体系的系统框架源于战略需求、组织结构、岗位设计、企业文化和企业人才发展的资源环境，它是整个培训体系具体化的行动大纲，是整个培训体系创造人才发展价值的核心部分。师资体系是培训体系核心竞争力的体现之一，是企业价值观、最佳领导力实践、最佳技术实践的载体，是企业价值链内外交互影响的平台，更是培训体系服务质量的保障。师资体系响应课程体系需求，通过评估体系的反馈，不断进行自我完善。评估体系是学员职业成长和培训体系发展变革的依据，它应帮助学员实现自身在职业发展路径中进行准确定位、设立培训目标、评估培训成果、认识个人能力发展区域与风险区

❶　赫伯特·宾塞著，胡毅译，《教育论》，人民教育出版社，1962。

❷　拉尔夫·泰勒著，施方良译，《课程与教学的基本原理》，人民教育出版社，1994。

❸　吴春波，从学习力走向竞争力——基于战略的企业大学运营体系探讨，《中国人力资源开发》，2009 年第 3 期。

域；它也是评估培训体系绩效的主体，使培训体系对企业整体绩效的贡献逐渐清晰，促使培训体系服务能力的提升。

在培训体系的构建过程中，课程体系作为培训体系创造战略价值与人才价值的核心，其地位更加突出。它总结了人才培训的需求、确定了人才发展的具体范围、设计了培训实施的开发方法、明确了人才发展行为的详细目标、以体系化的内部结构支撑了组织人才梯队的确立。从公司整体发展的角度而言，一套完善的课程体系不仅可以使学员获得系统的知识技能，更为他们制定了一条与战略推进、工作实践、绩效评估、岗位晋升相促进的成长路径。美国教学心理学家杰罗姆·布鲁纳（Bruner）这样论述如上观点：课程结构应与人的认知规律相适应，按照由表及里、由浅到深的递进模式进行设计。❶他提出的"螺旋式课程观"塑造了现代课程体系的基本模型。在这一体系结构中，先前阶段的课程要素（包括知识点、课程、课程模块等）是后续学习的基础，而后续学习又是对先前课程要素的强化。与此同时，按照人才梯队前后关联的内在层进逻辑在微观要素项（知识点）的基础上，依次经过课程和课程模块等子体系的构建过程，最终形成完整的课程体系。

公司国际化业务人才的工作设计、绩效设计、岗职体系也以命令链和晋升通道为纽带，自下而上层层支撑、自上而下高效领导、由内而外依次响应、由外而内逐步影响，形成了公司国际化人才队伍的整体系统。国际化人才队伍对培训体系的要求集中体现在课程体系的模块设置的系统性、培训对象的针对性、培训目标的战略实现性、课程内容的丰富性及开发方式的科学性中。换言之，公司国际化人才培训体系所解决的，不仅是学员短期的知识缺口、技能缺口，更重要的是对国际化人才自身胜任性、丰富性、持续性的塑造。在国际业务快速发展、海外投资稳健运营的今天，研究国际化人才培训这项重要性和紧

---

❶ 杰罗姆·布鲁纳著，邵瑞珍、王成旭译，《教育过程》，文化教育出版社，1982。

迫性兼具的课题，最终都要落实到课程上，从而实现由课程到模块，由模块到体系，由体系到培训系统的质变。

第二节 国际化人才课程体系建设

当前公司国际化业务布局已基本成型，各项业务整体进入快速发展阶段，对国际化人才培训工作提出了更高的要求。课程体系构建作为其中的基础环节，无疑是整个体系建设过程中的重中之重。在微观层面，国际化人才课程体系的构建关系着"三力"（FLV）国际化人才能力模型在人才培训工作中的落地，也是实现宽覆盖、多层级的"四极两维"人才队伍建设的重要途径。为了更好落实公司的战略部署，做好国际化人才队伍建设的服务支持，我们对课程体系构建方法论进行了系统梳理和科学应用。

一、国际化人才课程体系建设的方法论

培训标准是课程设置的基础。不同的标准内容因其对应胜任能力的差异，在培训的难易程度和相应的方式方法上也存在明显的差异。

哈佛大学教授麦克利兰（McClelland）基于多年研究，认为能力素质应该包括以下 6 方面的内容：

（1）知识。它是指某一个人在某一职业领域所拥有的事实性与经验性信息。

（2）技能。它是指一个人结构化地运用知识完成某项具体工作的能力。

（3）社会角色。它是指一个人对于其所属的社会群体或组织接受并认为是恰当的一套行为准则的认识。

（4）自我概念。它是指对自己身份的认识或知觉。

（5）人格特质。它是指一个人的身体特征及典型的行为方式。

（6）动机/需要。它是指决定一个人外显行为的自然而稳定的思想。

莱尔·斯宾塞（Lyle M Spencer）和塞尼·斯宾塞博士（Jr & Signe M Spencer）在麦克利兰对能力素质的六项分类的基础上，提出了"冰山模型（Iceberg Model）"理论。他的研究认为：知识和技能是冰山"浮于水面的外显部分"，是某一岗位工作的最基础要求，也称为基准性素质（Threshold Competence）；由于基准性素质是容易被观察、被测量、被行为化的，因而也是容易被模仿、被改善的，很难将绩优者与表现平平者区别开来。而社会角色、自我概念、人格特质和动机是没于水下的内隐部分，这部分被称为鉴别性素质（Differentiating Competence），它是区别人员绩效高低的关键因素——职位越高，鉴别性素质的作用比例就越大。❶由于冰山模型框架下的各项能力素质在培养难度上存在差异，因而需采用差异化的方式进行国际化人才培养，将国际化人才能力模型的要求完整映射到培训活动的最终目标中，以提高人才培训的有效性。由此，我们根据冰山模型中 6 项能力素质的动机和行为属性，结合人才培训长期经验，将知识和技能归为任务类能力（通过动手实现——Hand），将社会角色、自我认知归为意识类能力（通过动脑实现——Head），将人格特质和动机归为特质类能力（通过心理反馈实现——Heart），见图 4-1。

（1）任务类能力。它是指结构化地运用某领域知识处理某项具体工作任务的能力。它是动机对环境的行为反应与行为互动，而形成的经验性的、操作性的、程式化的能力，能够较为明显地体现在具体任务中；能够通过改变任务的属性、丰富或简化任务的内容、建立或重组任务的结构，在较短的一个时期内发生改变。

（2）意识类能力。它是指一个人对自我在社会的角色认知、价值观的表现和自我身份认同。它是动机对环境的潜层反应而形成的常态化的能力，能够在多种情境下得到准确观察；能够通过模拟典型情境要素的变化和多元人际反馈发生改变。

---

❶ 王怀明、王君南，基于胜任素质模型的人力资源管理专业课程体系研究，The 3rd International Annual Conference on Teaching Management and Curriculum Construction，2012.

（3）特质类能力。它是指个性、身体特征对环境和各种信息所表现出来的自发的、持续的反应。它的本质是决定一个人外显行为的自然而稳定的思想。这类能力一般不作为培训的直接对象，而是通过对前两类能力的影响，来增强或削弱这类能力对行为表现的影响。

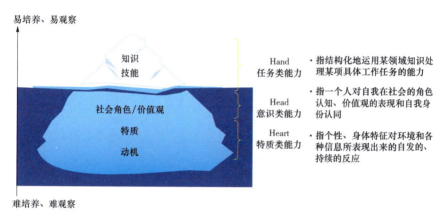

图4-1　冰山模型能力分类示意图

在对能力素质从行为培养的角度进行划分后，结合培养实践，将能力划分结果代入到公司国际化人才能力模型中，对培养能力进行科学分类，匹配学习培养方式，实现各所需能力在学员实际工作中的映射。具体而言，将国际化领导力分为任务类能力、意识类能力、特质类能力；将国际化专业力归入任务类能力；将公司文化力归入意识类能力（见图4-2）。

在对公司国际化人才能力模型各项素质要求的三项分类基础上，结合"70%-20%-10%理论"对能力素质的培养方式进行匹配，提出学习建议。"70%-20%-10%理论"由领导力创新中心于20世纪60年代研发推广，并在诸多《财富》500强跨国企业中得到广泛使用。该理论认为：最有效的企业培训结构应由70%的工作实践（包括典型工作任务实践、工作内容转变与轮岗、专项作业练习等）、20%的他人反馈（包括在岗反馈、教练辅导等）和10%的集中教育（包括讲师课程、在线学习、材料阅读等)组成。

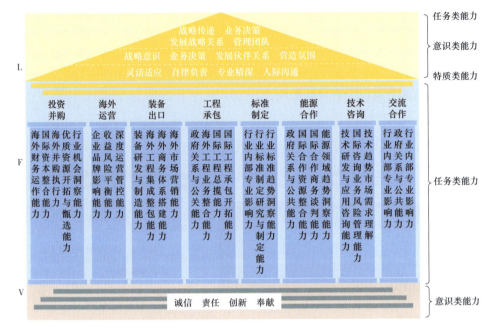

图 4-2　公司国际化人才能力模型与三类能力划分

　　结合国网高培中心职能定位与资源情况，将国际化人才培养重点聚焦于集中教育模式，并以此为导向推进国际化人才课程体系建设。在集中教育模式下，不同能力类型的学习活动方式各有侧重，具体表现为（见图4-3）：

　　（1）任务类能力对任务环境具有显著的敏感性，因而行之有效的学习活动为：将任务类能力还原到具体的岗位工作任务培养；又因为任务能力与任务学习具有对应的内部结构，因而任务类学习活动体系的构建可由任务类能力体系推导出。

　　（2）意识类能力较多地体现在性质相似的情境中，因而行之有效的学习活动为：通过多任务、多情境反复刺激；学习活动体系需要对意识类能力进行科学的课程组合。

　　（3）特质类能力的培训通过预设环节冲突触发意识，或通过浸泡式、长期性的环境影响；学习活动体系与特质类能力体系间接对应。

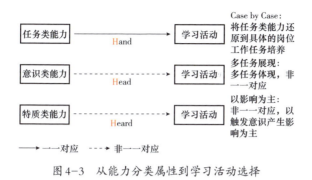

图4-3　从能力分类属性到学习活动选择

二、公司国际化人才课程体系建设路径

基于上述原则，从胜任能力匹配和教学方式优化两方面出发，通过对FLV"三力"培训指标的深度解析，完成了对现有国际化人才培训课程体系的改进完善，有效梳理标准课程。同时按照科学设计、系统落地的思路，对各项课程的大纲内容进行了补充完善，形成了系统的《国际人才培训课程手册》，为课程体系的建设发展打下了基础。

1.针对培训标准的深度解析

培训标准是课程设置的基础。不同的标准内容因其对应胜任能力的差异，在培训的难易程度和相应的方式方法上也存在明显的差异。按照冰山模型的主张，培训标准对应的能力项目按照培训由易到难的顺序，依次可以分为任务类能力（Hand）、意识类能力（Head）和特质类能力（Heart）。其中，前两类能力适用于"一对多"的集中培训的模式，后一类能力则更适用于"一对一"的专业岗位辅导。根据上述规律特征，对FLV"三力"培训标准模型进行了系统解析，将各项培训标准按照任务类、意识类和特质类的定义进行了归类细分。结论表明，通过集中培训的方式来提升国际人才的岗位胜任能力是可行的。

以此为基础，按照由培训标准到课程内容的规范路径，将培训细分标准根据其具体的内涵要求进行了充分整合，匹配形成标准课程，包括领导力课程、专业力课程、文化力课程。同时，为了提升课程的可操作性，根据能力类型与具体培训方式的对应关系，将各项课程与以下学习方式中的一种或几种（主要包括课堂讲授、在线学习、案例分析、情景模拟、角色扮演、小组研讨等）进行了对应的筛选匹配，使课程设置的科学性和适用性得到了充分的保障。构建路径示例如下：

示例：国际化领导力之"管理团队"维度

"管理团队"的能力内涵：在多文化背景的团队中，建立团队共识，完成公司利益与个人利益的连接。具体分解如下：

（1）使命感召。善于向团队和利益相关者描绘国家电网的国际化使命和未来可能的成就，建立共同的立场和目标，激发他人对达成未来成就的激情。

（2）管理多文化团队。善于管理多文化背景的员工，善于协调多文化背景团队的利益和结果导向，善于将国家电网价值观灌输到多文化背景员工的日常行为中。

（3）授权委责。对任务进行分配并适当授权给合适的员工，对中外籍员工一视同仁，鼓励下属接受挑战，明确权责内容，促使下属提升能力。

根据上文对能力的三种划分，"使命感召"归入意识类能力以设计《公司国际化战略解读与经营实践分享》课程，以课堂讲授的形式使学员了解公司国际化战略的基本体系和战略目标，以案例分析的形式使学员模拟案例情形，设身处地，触发意识；"管理多文化团队""授权委责"归入任务类能力，从而设计《多元团队管理》课程，以课堂讲授的形式了解多元团队管理的基本理论和操作，以案例分析的形式帮助学员建立结构化处理流程，以情境模拟的方式强化多元团队管理行为，以在线学习的方式强化知识并分享最新情况。

2. 针对已有课程的系统梳理

已有课程内容是国际人才培训课程体系建设的起点和基础。为进一步提升课程库的建设质量，根据"四极两维"的国际化人才类型细分和FLV"三力"培训标准的内涵要求，从历史培训项目入手，对已有的课程内容进行了系统的梳理盘点。同时充分调动各项资源，通过对历史问卷进行评估分析和对学员展开跟踪访谈，从已有的课程中筛选出精品课程，为课程体系的建设完善奠定了基础（见图4-4）。

通过以上两方面的综合比较，将已有精品课程为重要基础，构建了国际化人才培训课程体系的雏形。针对两者之间存在的差异，一方面根据培训标准的内涵要求，通过明确大纲内容的方式，对已有的其他课程内容提出了相应的改进建议；另一方面，对于从培训标准中提炼出的新增课程内容，从实施落地的角度出发，提出了以自主开发、合作开发和定制化采购相结合的综合性课程资源建设模式，明确了课程体系建设的新思路。在新模式下，将集中力量进行精品课程打造、内部经验或案例分享型课程的升级开发，同时加强对外部优质课程的筛选引进力度，以实现现有资源的充分配置和有效利用，为培训体系的建设和完善夯实资源基础。

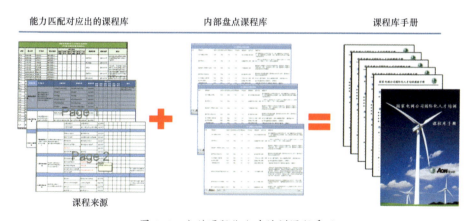

图4-4 公司国际化人才培训课程手册

第五章
国际化人才培训项目体系

在科学建立国际化人才课程库的模块化基础上，根据当前公司国际化业务，"四极两维"的国际化人才类型细分，尝试将课程匹配到各国际化人才群体中，最终建立对应的国家电网国际化人才培养体系，以八个体系化的人才培养整体方案，纵向形成以国际项目运营培训项目、国际商务管理培训项目、海外本土员工培训项目、优秀实践海外传播项目为主体的四大项目，横向形成以业务人员、领导人员为划分依据的按需培养格局（见图5-1）。

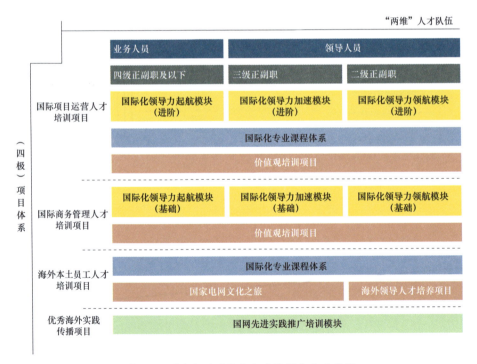

图5-1　国家电网国际化人才培训体系示意图

第一节　国际项目运营人才培训项目

该类项目主要面向公司国际化业务板块下八大业务领域的人员。在战略和业务层面，要求学员同时具备全面的国际化领导力和深厚的国际化专业能力，并且认同和践行公司价值理念体系。因此项目由国际化领导力、国际化专业力、文化力培训项目构成，其中国际化领导力起航模块（进阶）、国际化领导力加速模块（进阶）、国际化领导力领航模块（进阶）分别满足科级及以下、处级、局级国际化人才的领导力培养需求；国际化专业力课程体系满足国际化专业力培养要求；价值观培训项目满足公司文化力的培养要求（见图5-2）。

业务人员			领导人员						
四级正副职及以下			三级正副职			二级正副职			
国际化领导力起航模块（进阶）			国际化领导力加速模块（进阶）			国际化领导力领航模块（进阶）			
商务口语特训	自我认知与人际风格	信任的速度	系统思考	海外电力市场研究分析	高效执行	战略思维	商业敏锐	决策力	策略影响
驻外压力管理与心理调适		全球思维	成为领导的好助手	国家电网海外事例宣讲	风险意识	海外市场信息搜集分析	危机与公关	国家电网国际化战略解读与经营实践分析	
所驻国风俗环境介绍	驻外纪律与安全		激发团队效能	跨文化冲突管理	有效沟通	战略实施	中国商业领导力	多元团队管理	
投资并购	市场与商业模式研究、尽职调查、并购交易结构设计、并购财务与税务筹划、并购后企业接管与整合								
海外运营	跨国公司管理、海外电网规划建设与建维、国际企业财务管理、全球供应链管理、国际能源及电力市场监管政策、公司治理与董事会								
装备出口	国际商务沟通、国际金融、国际贸易实务、全球营销、国际采购、国际商法								
工程承包	国际工程财务管理、海外工程总承包业务合同管理、海外工程总承包业务项目施工管理、送电工程设计、变电工程设计、土建工程设计、工程物资管理								
标准制定	国际标准制定实务、标准跟踪与谈判、专家管理、技术组织项目管理、国际组织与国际标准								
能源合作	国际能源形势与政策，国际组织与国际制度、国际谈判、公关与应急管理、外事管理与纪律								
技术咨询	顾问式辅导、项目管理、辅导、项目领导力、策略影响								
交流合作	国际经济合作与安全、海外市场信息收集与分析、公关与应急管理、国际谈判、国际商务礼仪、外事管理与纪律								
价值观培养项目	建设和弘扬统一的企业文化		国家电网公司统一企业文化建设			公司品牌建设与社会责任		建设社会主义先进文化	

图5-2　国际项目运营人才培训项目体系

第二节　国际商务管理人才培训项目

该项目面向公司总部及国际化业务单位支持部门人员。在战略和业务层面要求学员能够：具备成熟的国际化视野，积极响应公司国际化战略的需要，提供必要的组织支持、职能支持和业务支持；具备公司的价值观，为公司文化力的海外传播打造坚实基础。因此，该项目体系由国际化领导力、文化力培训项目构成，其中国际化领导力起航模块（基础）、国际化领导力加速模块（基础）、国际化领导力领航模块（基础）分别满足科级及以下、处级、局级国际化人才的领导力培养要求；价值观培训项目满足公司文化力培养要求（见图5-3）。

业务人员		领导人员					
四级正副职及以下		三级正副职			二级正副职		
国际化领导力起航模块（基础）		国际化领导力加速模块（基础）			国际化领导力领航模块（基础）		
高效能人士的七个好习惯	特高压电网建设与海外推广	系统思考	海外电力市场研究分析	高效执行	战略思维	商业敏锐	决策力	策略影响
初级商务英语	责任心	项目管理	国际能源现状及发展趋势	成为领导的好助手	风险意识	有效沟通	国家电网国际化战略解读与经营实践分享
新能源及智能电网建设与海外推广	国际政治格局经济形势与能源形势	激发团队效能	国家电网海外事例宣讲	战略实施	中国商业领导力
投资并购	市场与商业模式研究、尽职调查、并购交易结构设计、并购财务与税务筹划、并购后企业接管与整合						
海外运营	跨国公司管理、国际企业财务管理、全球供应链管理、国际能源及电力市场监管政策、公司治理与董事会						
装备出口	国际商务沟通、国际金融、国际贸易实务、全球营销、国际采购、国际商法						
工程承包	国际工程财务管理、海外工程总承包业务合同管理、送电工程设计、变电工程设计、土建工程设计、工程物资管理						
标准制定	国际标准制定实务、标准跟踪与谈判、专家管理、技术组织项目管理、国际组织与国际标准						
能源合作	国际能源形势与政策、国际组织与国际制度、国际谈判、公关与应急管理、外事管理与纪律						
技术咨询	顾问式辅导、项目管理、辅导、项目领导力、策略影响						
交流合作	国际经济合作与安全、公关与应急管理、国际谈判、国际商务礼仪、外事管理与纪律						
价值观养培项目	建设和弘扬统一的企业文化	国家电网公司统一企业文化建设		公司品牌建设与社会责任		建设社会主义先进文化		

图5-3　国际商务管理人才培训项目体系

第三节　海外本土员工培训项目

该项目面向公司海外子公司、办事处的外籍员工。在战略和业务层面要求学员能够：以不断深入的专业能力在岗位上创造高绩效，在组织文化上积极融入国家电网海外业务，从而达成组织与个人的双赢。项目组按照外籍员工在对外交流中的文化程度为外籍员工依次设计对应的培训项目，分别为基础性的价值观课程体系、针对文化理解误区的中外文化理解误区 workshop、针对外籍讲师认证的跨文化内部讲师 TTT 训练营、针对局级人员与处级以下人员分别设计了"海外领导人才培养项目"和"国家电网文化之旅"的文化体验和战略深化项目（见图5-4）。

层级	业务人员		领导人员		
	四级正副职及以下		三级正副职		二级正副职
海外本土员工培训项目	国家电网价值观课程体系				
	诚信	责任	创新	奉献	公司品牌建设与社会责任
	中外文化理解误区 workshop				
	全球五大文化维度		中外文化理解常见误区理解		跨文化沟通交流四步法
	跨文化内部讲师 TTT 训练营				
	引导式授课技巧		跨文化课程设计与教学工具使用		走上讲台
	国家电网文化之旅				海外领导人才培养项目
	多元团队管理	国家电网国际化战略解读与经营实践	中国商业领导力	跨文化冲突解决	国家电网公司国际化现状与战略研讨 workshop	中西方文化差异	跨文化交际

图5-4　海外本土员工培训项目体系

（1）国家电网价值观（文化力）课程体系根植于国家电网价值观，旨在向全体员工（包括外籍员工）传递公司价值观（见图5-5）。

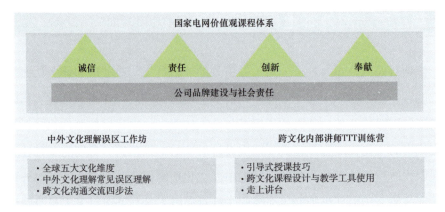

图5-5　公司价值观（文化力）课程体系

（2）"中外文化理解误区 workshop"旨在解决沟通中因为中外文化理解的误区，通过《全球五大文化维度》《中外文化理解常见误区理解》及《跨文化沟通交流四步法》等培训课程来加深学员对中外文化的理解。

（3）"跨文化内部讲师TTT训练营"是在国家电网价值观（文化力）课程体系和中外文化理解误区workshop的基础上，将课程标准化后，通过认证外籍讲师的方式，传递公司的文化价值观。通过《引导式授课技巧》《跨文化课程设计与教学工具使用》及《走上讲台》等培训课程与实战模拟结合的方式帮助内部讲师提高授课能力。

（4）海外领导人才培养项目是针对海外雇员中的领导人员，通过集中培训、总部参观交流等形式，加强学员的跨文化沟通能力，并加深其对中国式领导力的理解，从而使其理解并认同公司战略要求。

整个项目包含了多元团队管理、国家电网国际化战略解读与经营实践、中国商业领导力、跨文化冲突解决等培训课程（见图5-6）。

（5）国家电网文化之旅是针对海外雇员中的处级及以下人员，通过当地培训与文化交流等形式，在学员中认证企业内部讲师，转换学员身份视角，使其更深入地了解中西方文化的差异，从而更加认同国家电网的企业文化并增进双方人员的感情。培训课程具体内容为国家电网公司国际化现状、国家电网公司国际化战略研讨、跨文化交际与中西方文化差异等。

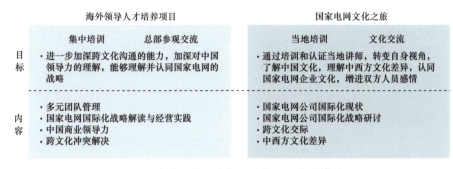

图5-6　海外领导人才与公司文化之旅培养项目

第四节　优秀海外实践传播项目

该类项目以能力标准为人才培养方向、以丰富的课程内容为资源基础，并以国际化课程体系为实施抓手，不断巩固和发挥国网高培中心作为公司国际化人才培养基地的作用。同时，以国际领先的内部实践建立国际影响力，以国际化软、硬件实力打造国际化交流平台，并以国际视野扩展公司国际化宣传推广渠道，从而实现向公司国际化交流平台的迈进。具体推进路径如下：

1）公司领导力课程体系。首先，从完善内部的领导力课程体系着手，形成全球一致的标准化课程体系；在此基础上，根据所驻地的地区不同，在总部标准化的项目基础上进行本土化的二次开发，更加关注地区差异；经过实践检验和优化，最终实现外部推广传播。

2）公司专业力课程体系。首先，以完善专业体系作为第一阶段目标，形成全球一致的标准化课程体系；其次，根据各专业类课程的特征与差异性，在总部标准化的项目基础上进行提炼与总结，形成最终的各课程专业标准；最终，结合专业领域的前沿要求，争取打造国际认可的专业课程资质。

3）公司文化力课程体系。首先，以完善文化课程作为第一阶段目标，形成全球一致的标准化课程体系；其次，通过对课程不断地优化与实际的应用，在全球范围内将国家电网文化真正融入业务运营中；经过实践检验和优化，最终实现外部推广传播。

第六章
国际化人才培养实践

第一节　国际化人才培养总体情况

作为"人才强企"战略的重要组成部分，公司国际化业务的发展与国际化人才队伍的建设密不可分。建设一支高水平的国际化人才队伍，是支撑公司国际化战略的重要基础。为更好地适应公司国际化发展形势，国网高培中心一直致力于推进国际人才培训的标准化、体系化建设，努力探索最佳的培训创新模式。为了更好地满足公司业务对国际化人才培训的新需要，充分发挥教学研究的前瞻作用，做到超前谋划、提前布局。国网高培中心一是从顶层设计的角度开展系统研究，按照"目标群体—培训标准—课程内容—培训项目—培训体系"的规范流程，逐步建立面向公司全员的国际化人才培训体系，为各类国际化人才提供系统的培训解决方案。二是依托项目实践，推动研究成果应用转化，通过提升项目策划、组织的科学性和系统性，进一步打造并巩固国网高培中心在国际化人才培训领域的核心竞争力。自2012年以来，先后共举办各类国际化人才培训项目近30项，涵盖了外语技能、专业管理、综合素质等多类国际化培训项目。除做好公司总部计划内培训外，还先后为国网国际公司、国网中电装备公司等多家国际业务单位提供国际化培训支持，同时还举办了驻外办人员培训班，菲律宾、巴西、希腊等国家外籍员工培训班，公司国际业务审计培训班等项目，推动了国网公司国际化人才培养，为公司战略的宣贯和落实发挥了积极的推动作用。2014—2020年，国际化项目年均培训人天数达 10 000 人天，约为培训规模总量的 10%，国际化培训已成为国家电网公司员工培训工作的重要组成。

第二节　国际化人才培养典型项目实践

在上述背景下，国网高培中心于 2013 年会同公司国际部、人事部，在公司管理创新重大示范工程平台上，对国际化人才培训工作进行系统设计，按照国际业务开展顺序及人才发展规律，根据"定标准—配课程—设项目—建体系"的规范流程，构建了涵盖外派项目人员、国内支持人员、海外本土员工和外部利益相关方，以及领导人员和业务人员两个维度的"四极两维"国际化人才类型细分，将公司全员纳入国际化培训目标范畴。特别是针对公司紧缺的外派项目人员，公司总部及国网高培中心按照精品培训项目标准，对项目全过程进行了精细化设计。

2014 年至 2020 年国网高培中心先后承办 5 期公司国际化人才培训班，项目从需求调研、方案策划、课程学习、教学活动、选拔评估等 5 个方面开展了全面的系统化设计，将中西方的文化、思维、习惯、工作进行全面整合，实现"仿海外"的"浸泡式"魔鬼训练。项目实施至今累计培训 380 人，并从中择优选派 121 人到驻外机构、国际公司、中电装备公司等单位驻外工作或实岗锻炼，一大批驻外人员在境外机构担任了重要管理和技术职务。项目有关情况在《国家电网报》和国家电网网站等媒体多次报道，得到公司领导好评，在国网系统内影响显著。同时国网国际化人才培养项目于 2015 年分别获得人才发展协会（ATD）卓越实践奖和国际绩效改进协会（ISPI）绩效改进杰出奖，项目负责人应邀于 2016 年赴美国人才发展协会（ATD）国际会议会展作专题演讲。

2014—2018 年国际业务管理人员系列培训项目以上述规划设计为基础，根据"ADDIE"培训流程，从需求调研、方案设计、师资遴选、活动组织、选拔评估、效果评价 6 个方面进行了系统化设计（见图 6-1）。

图6-1　公司国际化人才培训项目设计理念

（1）系统化需求调研。通过面对面访谈、电话、问卷调研等方式，先后调研了国网公司负责国际业务的总部部门，考察了涉及国际业务的公司内部单位中的5家代表机构的培训需求。同时，针对培训项目的重点需求——跨国并购，对国网国际公司（跨国并购具体操作单位）10个业务部门进行走访，把握各个业务部门的国际化培训需求（见图6-2、图6-3）。

图6-2　培训项目需求调研——国际业务单元调研

（2）系统化方案设计。首先从学习内容的系统化设计角度，根据公司的培训内容指导思想和需求调研结果，梳理出英语、法律、金融、财务、投资并购等重点内容，将整个培训分为商务英语、专业基础、业务实操3个阶段。其次，从学习方式系统化的角度，安排了线上线下联合、脱产在岗结合、授课自

部门	培训需求
市场开发部	国外电力市场概况、国际金融、财务、工程等
技术支持部	并购尽职调查、电力定价、天然气、新能源等
发展策划部	国际财务、跨国企业战略规划等
财务部	国际财务、国际金融、财务报表分析等
综合管理部	国际企业品牌管理、档案管理等
投资融资部	国际投资、国际融资、国际金融风险控制等
监察审计部	海外人身安全、海外资产审计等
海外运营部	并购接管整合、跨国企业公司治理等
法律部	并购交易契约设计及风险控制等

图6-3 培训项目需求调研——国际公司部门调研

学配合、讲座互动混合四种方式。

1）线上线下联合。它是将面授的线下学习与PC端的网络课程和移动端的微信研讨等充分融合，例如，在面授之外安排英语E-learning软件的自学，并根据学习质量和频率进行积分折算，实现对学员全方位学习的激励和评价。.

2）脱产在岗结合。它是指集中的2个月脱产学习之外，学员们回到工作岗位以及到国际业务相关单位挂职锻炼的一年内还继续保持跟踪自学及研讨交流，实现班散心不散，训完课不完，促进大家培训后到达外派岗位能够继续有学习资源的保证。

3）授课自学配合。它是指学习期间，由国网高培中心组织大家进行官方的线下学习和线上网络大学、英语软件、国际化适应力测评以及微信研讨群的活动。与此同时，学员在班委的倡议下，自发开展国网公司国际化业务知识分享、TED演讲模仿展示、国际名校MOOC推荐、英语歌曲和电影赏析的活动。充分调动每个学员的学习热情，营造良好的参与氛围。

4）讲座互动混合。它是指将集中脱产学习通过智慧传递的高管专家和学员讲解、案例分析谈判模拟海外防身术等角色扮演，与拓展训练晨读活动等团队建设活动融合起来，使得面授内容生动、活泼、有趣（见图6-4、图6-5）。

图6-4　培训项目学习内容示意图

培训方式	线下学习（2个月脱产期间+半年挂职实践）				线上学习（2年在岗期间）	
	智慧传递	情境模拟	团队建设	挂职实践	学校组织	学员自发
具体内容	·高管分享"在国外"	·国际能源案例分析	·西式拓展	赴国际化相关业务单位挂职锻炼	·国网公司网络大学	·国网国际化知识库
	·学员座谈"国际化"	·国际商务谈判模拟	·联谊班级		·英语软件在线自学	·我的TED模仿秀
	·专业工作知识讲授	·海外防身角色扮演	·群体晨读		·班级微信研讨群	·国际名校公开课
	·海外生活要点剖析	·海外生活情境演练	·小英语角		·国际化适应力测评	·英语歌曲电影展

图6-5　培训项目培训方式示意图

（3）精益化师资遴选。为提升培训授课质量，项目遴选聘请优质外教师资。在第一阶段商务英语的学习中，对各大知名英语培训机构进行了调研和试讲的筛选，挑选了来自美洲、欧洲等不同国家的专业外教，以让学员适应美式和英式两种口音。在第二阶段专业基础课的学习中，邀请国外知名大学的教授，就国际并购、商法、金融等基础知识开展系统讲解。在第三阶段专业实操课程学习中，邀请国际顶尖投行、律所、会计师事务所、咨询机构的高管，请业界精英现身说法。贯穿第二、第三阶段的学习，同时也邀请了公司国际化业务的高管成员进行"在国外"专题分享会，与学员充分交流公司国际化战略、海外工作和生活情况等主题，让学员们近距离接触了公司国际化领军人物，鼓舞了赴外工作的士气和斗志。

（4）混合式活动组织。尊重成人教育规律，重视第二课堂等教学活动在培训过程中对学员主观能动性的引导作用。针对项目特征，调动学员先后组织了一系列具有国际化特色的课外活动，包括演讲比赛、配音比赛/小品比赛、英文歌曲比赛等活动，借助多元化的教学活动安排，激发学员的学习兴趣，加强相互之间的交流互动和团队建设。同时，组织学员编写班级简报，全面展示学员风采。

（5）混合式选拔评估。一方面将培训效果一、二级评估活动贯穿始终，从学员报道后的入学分班英语测试，期中商务英语口试，软件在线英语机试，到结业专业英语笔试，听、说、读、写全方位混搭考核。另一方面在外派学员筛选评估方面，将问卷调查、素质机试与面试沟通充分结合，多角度帮助把最适合的人选到最适合的国家。

（6）项目效果评价。

在公司层面，以国际业务管理人才培训系列项目为例，为公司国际一线培养输送多名高管和技术专家人才，培训结束后，学员陆续被派往"一带一路"沿线国家开展工作，有效壮大公司国际化管理人才队伍，获公司领导好评。国网国际化人才培养项目于2016年分别获得人才发展协会（ATD）卓越实践奖和国际绩效改进协会（ISPI）绩效改进杰出奖，项目代表团于2017年赴美国人才发展协会（ATD）国际会议会展作专题演讲，展示了国网品牌形象，扩大了企业影响力。同时，项目成功实施也证明，与境外培训相比，在国内按照类似标准开展培训同样可以取得良好效果，而且可以节约相当可观的教学成本。

在学员层面，第一，通过浸泡式英语语言环境的锻炼，学员的外语水平和跨文化沟通能力得到快速提升，学员入学和结业两次英语托业考试（TOEIC）成绩比较，全班平均成绩得到明显提高；第二，通过培训，学员外派后能够较好地处理跨文化下的生活及融合，同时所管辖的当地员工对公司的认同和归属感明显增加；第三，通过专业课程学习，学员们对国际业务基础知识体系形成了系统认识。比如，公司驻某国团队在学习海外安全防护专题后，配合国内安保顾问公司设计"三层防护"方案，在当地专用安保力量尚未具备条件的情况下，协调军方、警方，确保了设计团队的人身安全，圆满完成了项目可研及初步设计工作，将所在单位/经营单元的安全事故率控制在零水平；第四，通过培训员工职业通道的发展更加畅通，国际化培训为学员开辟了新的职业发展路线。

在国网高培中心层面，第一，积累了一批高素质的国际化师资资源，与国外知名大学、投行、律所、会计师事务所建立联系；第二，使现有课程清单得到了充分检验，积累了一批成熟的国际化课程资源；第三，提高了员工外语水平和跨文化沟通的能力。在国际化系列培训项目不断实施的过程中，国网高培中心也在持续改进创新。《国家电网公司国际化人才培训体系研究与应用》及其后续研究实践成果先后获得公司2018年度优秀调研成果二等奖、公司2019年度管理创新推广成果奖等奖项。在相关课程开发方面，陆续开发了《全球能源互联网》《"一带一路"列国志国网篇》《海外人身安全防护》等国际化系列微课，自主开发面向外籍员工的《国网欢迎你》英文面授课，创新研发《国网公司海外绿地项目沙盘模拟课程》，深入各国际业务单位组织专家、学员编写《国网国际化典型实践案例集》等教学成果，其中《"一带一路"列国志国网篇》获公司2018年度网络大学优秀课件系列课特优奖。2016年国际化实训室获得国家实用新型专利授权，在自主知识产权研发领域也取得了突破。

附　录

附录1　国家电网国际化人才能力模型手册

公司国际化人才能力模型

公司国际化人才能力模型由国际化领导力（Leadership）、国际化专业力（Functional competency）和国际化文化力（企业价值观）（Value）构成。以公司价值理念体系为根基，以公司八大业务线所需的专业力为支撑，以"四极两维"人群所需国际化领导力为顶层设计，构成了公司国际化人才能力模型的有机体系（见附图1-1）。

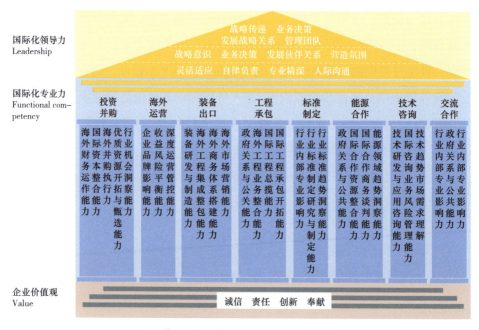

附图1-1　公司国际化人才能力模型

目　录

诚信

责任

创新

奉献

一、国际化领导力模型（Leadership Competency）

国际化领导力模型包括领导战略、领导业务、领导协作、领导团队、领导自我，针对国际化业务的各层级人员（见附图1-2）。

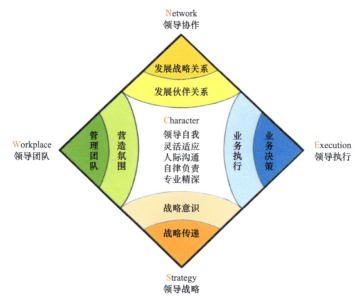

附图1-2　国际化领导力模型

领导战略—战略传递

能力名称	战略传递
能力定义	传递集团总部战略，结合海外驻地现状，用前瞻的眼光制定中长期发展目标
主要行为描述	（1）全局意识：充分理解集团战略，思考及决策时从集团整体的利益出发，平衡所驻地利益和集团总部利益，确保所驻地工作方向与总部整体战略一致 （2）前瞻眼光：看重长远利益，在安排具体工作时分析短期目标是否有助于实现长远利益 （3）业务规划：综合考虑所驻地市场和行业的特点、条件和公司的经营重点，制定所驻地领域的中长期发展目标

领导业务—业务决策

能力名称	业务决策
能力定义	对公司内外现状有清醒认识，具有紧迫感
主要行为描述	（1）业务敏感：外部市场的竞争环境，对外部变化具有敏锐的嗅觉，对公司现状有清醒的认识，不盲目乐观，对企业发展保有紧迫感 （2）判断决策：清晰决策标准，仔细分析业务问题的原因和各种解决方案的优劣势和可能的影响，及时做出决策 （3）推动执行：通过与他人沟通，达成业务决策的共识，并推动业务策略在各个部门或领域的执行和实施 （4）风险承担：对于已经做出的业务决策，甘愿对自己做出的决策可能带来的风险和结果承担责任

领导协作—发展战略关系

能力名称	发展战略关系
能力定义	在海外市场为未来建立战略型人际关系，为未来业务拓展提供可靠的关系保障
主要行为描述	（1）渠道开拓：准确识别所在市场的利益相关方，通过政府关系拓展能力、经济关系拓展能力和公司品牌影响，为公司海外分支机构建立长期的合作关系

续表

主要行为描述	（2）策略影响：通过直接或非直接的沟通策略、激烈或非激烈的谈判技巧，使双方建立共同利益的认同区域，促进公司国际业务发展 （3）形象传播：坚持社会利益大于经济利益的原则开拓海外市场，树立负责任的跨国电力公司形象；通过日常维护和关键事件，建立良好的投资方品牌、供应商品牌、采购商品牌和雇主品牌 （4）危机管理：善于发现对外关系中的风险点，减少信任危机发生；遇事冷静，通过有效地提出解决方案，引导危机事件向良性的方向发展

领导团队—管理团队

能力名称	管理团队
能力定义	在多文化背景的团队中，建立团队共识，完成从公司利益到个人利益的正相连接
主要行为描述	（1）使命感召：善于向团队和利益相关者描绘国家电网的国际化使命感和未来可能的成就，建立共同的立场和目标，激发他人对达成未来成就的激情 （2）管理多文化团队：善于管理多文化背景的员工，善于协调多文化背景团队的利益和结果导向，善于将公司价值观灌输到多文化背景员工的日常行为中 （3）授权委责：对任务进行分配并适当授权给合适的员工，对中外籍员工一视同仁，鼓励下属接受挑战，明确权责内容，促使下属提升能力

领导战略—战略意识

能力名称	战略意识
能力定义	在理解集团战略的基础上，结合对行业的洞察，从专业角度和管理系统审视业务问题，并执行战略的落地和实施
主要行为描述	（1）系统思考：既能够从专业的全链条分析问题，也能够从公司全面管理的角度系统思考 （2）行业洞察：能够通过多种途径了解当地行业、所驻地市场（客户、竞争对手）的现状和发展趋势，准确识别行业发展的方向和重点 （3）战略执行：执行所驻地中长期发展目标和战略规划，执行所管辖部分相应的战略落地

领导业务—业务执行

能力名称	业务执行
能力定义	迅速响应上级的要求，分解目标，推动所管业务的执行，识别可能出现的业务风险，注重过程监控与快速响应
主要行为描述	（1）快速反应：快速响应上级作出的业务决策，力求迅速采取措施把握项目机遇 　（2）支持决策：对新出现的风险，能够初步分析和判断其出现的原因、可能导致的后果 　（3）高效执行：将决策和战略规划转化为可操作的方案，并对工作进行分工，在推进过程中进行监控、指导、改进和反馈，确保在规定时限内以较低投入且高质量地完成任务 　（4）风险控制：提高风险防范意识，预先判断可能的风险并提出规避方案，把握风险防控与国际化发展战略之间的平衡

领导协作—发展伙伴关系

能力名称	发展伙伴关系
能力定义	与合作方建立深入可靠的伙伴关系，通过密切合作，实现高效的合作绩效
主要行为描述	（1）关系拓维：在合作中，有效发现对方潜在需求点和双方共同利益点，以此建立更加深入的合作关系；在合作事项前、中、后期拥有完备的关系维护方案，耐心实现长足的关系发展 　（2）沟通协同：在理解民族文化差异、组织文化差异的基础上，采取有效的策略和手段，在必要时积极沟通，以实现在合作中双方能够高效协同，达成目标 　（3）信息挖掘：熟练运用各种资源和渠道收集，掌握行业、市场、产品等各类信息，可以识别信息，对收集到的众多信息进行筛选，剔除影响判断的非关键因素，识别问题本质或发现潜在机会

领导团队—营造氛围

能力名称	营造氛围
能力定义	有效激励团队，以促进组织绩效的达成，为团队积极氛围维护提供保障
主要行为描述	（1）激励团队：通过对下属的关怀和个人发展需求理解，有效通过多种途径用共同目标激励和鼓舞员工；排除团队绩效受阻因素 （2）跨文化冲突解决：正视和预见跨文化团队中可能出现的民族文化冲突、行业文化冲突，求同存异，有效解决冲突 （3）关怀下属：视关心、培养和发展员工为管理者的重要职责，根据团队内部成员不同的发展需要和情感需要提供相应的发展资源和发展支持，采取不同的方式，帮助他人提升专业的技术水平和外派的工作适应性

领导自我—灵活适应

能力名称	灵活适应
能力定义	积极乐观的接受环境和工作内容的变化，开放性的接受和包容他国文化，对当地的文化和政治保持必要敏感，灵活应对环境、工作和人群的变化
主要行为描述	（1）积极乐观：能够对人、对事持乐观态度，不缺乏心理安全，能够以平和的心态面对环境的转换，接受并通过主动学习积极面对工作出现的挑战 （2）开放包容：对他国文化持有一定的好奇感和开放心态，尊重并包容他国的文化、风俗、礼仪、商务习惯等 （3）文化敏感：在理解、欣赏和接受文化差异的基础上，保持对他国文化尤其是政治事件的敏感度，具备对当地政治时局变化的把握和捕捉能力 （4）灵活应对：能够适应不同环境、不同个性或不同人群，保持自己对公司或工作要求的一致性或开放态度

领导自我—自律负责

能力名称	自律负责
能力定义	遵守公司相关制度规定，具备安全意识，主动开展职责范围内的工作，并保证按要求完成
主要行为描述	（1）自律意识：在外派期间遵守公司相关制度规定，不超越制度规定权限；约束自我言行，不因个人情绪或其他想法而影响组织利益 （2）安全意识：在驻外期间的业务开展和日常生活中，不做对他人或自己造成伤害的事情，保持对安全隐患的戒备和警觉心理 （3）责任意识：在所驻地国家主动及时地开展职责范围内的工作，对进展情况及时核查，对发现的问题采取必要的行动，以保证工作按要求标准完成

领导自我—专业精深

能力名称	专业精深
能力定义	将自己看成是某个领域的专家，主动提供专业相关的全套技术支持和指导
主要行为描述	（1）专业深度：能够不断地将所学知识应用于日常工作以解决不同问题，加以调整修改，形成自己有效的分析解决问题的方式方法，建立专业深度 （2）专业广度：拥有关注新事物的习惯和热情，关注自身专业相关领域的发展动态、潜在需求和潜在风险，能够与多专业背景的人士进行专业交流 （3）专业形象：能够在某擅长的专业领域独当一面，认同所在专业的价值观，在团队和市场中建立可信任的专业形象

领导自我—人际沟通

能力名称	人际沟通
能力定义	交流时，注重交流双方的互动，为对方留下良好的个人形象
主要行为描述	（1）人际理解：有去理解他人的愿望，对交流对象所传达的明显内容、情感和深层意义有所理解；能让他人对说话者所期望的作出正向的行动反应

续表

能力名称	人际沟通
主要行为描述	（2）信守承诺：言行一致，不过度承诺，对于自己做出的承诺和保证，能够认真履行 （3）真诚亲和：所采取的行动与自己所相信的价值观一致，以善良和博爱的心态，展现出与他人建立友好关系的愿望和合作意向，快速建立信任感和亲近感

二、国际化专业力模型（Functional Competency）

国际化专业力模型包括跨国投资并购、海外资产运营、电工装备出口、国际工程承包、国际标准制定、国际能源合作、国际技术咨询、国际交流合作。国际化专业力模型见附图1-3。

	跨国投资并购	海外资产运营	电工装备出口	国际工程承包	国际标准制定	国际能源合作	国际技术咨询	国际交流合作
战略洞察力	·行业机会洞察能力				·行业标准趋势洞察能力	·能源领域趋势洞察能力		
市场掌控力	·优质资源开拓与甄选能力		·海外市场营销能力 ·海外商务体系搭建能力	·国际工程承包开拓能力			·技术趋势市场需求理解	
管理执行力	·海外并购执行力	·深度运营管控能力 ·收益风险平衡能力		·国际工程总揽能力		·国际合作商务谈判能力	·国际咨询业务风险管理能力	
产业领导力			·海外工程集成整包能力		·行业标准制定研究与制定能力		·技术研发与应用咨询能力	
资源运筹力	·国际资本整合能力 ·海外财务运作能力		·装备研发与制造能力	·海外工程业务整合能力		·国际合作资源整合能力		·行业内部专业影响力
社会影响力		·企业品牌影响能力		·政府关系与公关能力	·行业内部专业影响力	·政府关系与公关能力		·政府关系与公共能力 ·行业内部专业影响力

附图1-3　国际化专业力模型

跨国投资并购

专业 能力项	国际资本 整合能力	能够识别国际资本整合的机会与风险，对并购整合结果做出合理预期判断，构建某项并购案的整合实施思路，最大限度地实现并购整合的协同效应
专业 能力项	海外财务 运作能力	熟悉国内外财务报告、内部控制、税法政策，掌握国际并购中的会计、税务、项目融资实务，对第三方机构提出的财务方案具备敏锐的专业判断力
	海外并购 执行力	掌握海外并购各项实务执行，具备稳妥管理并购中的尽职调查、谈判沟通、交易结构设计、交割接管项目的能力，具备充分的并购交易风险防控意识，推动公司海外并购目标的达成
	优质资源 开拓甄选 能力	对国际电力电能并购市场发展趋势保持持续的关注与研究，掌握并购企业评估的方式、工具和经验，能够独立提出符合公司国际化战略利益的并购方案，能够领导与第三方机构的市场合作
	行业机会 洞察能力	掌握国际行业分析的基本构成要素等基本知识，具备研读解析所在地区行业监管、标准、市场环境的能力，具备编制相关市场分析报告的能力，并能根据分析结论建议、设计、定案商业模式

海外资产运营

专业能 力项	深度运营 管控能力	熟悉国际宏观经济形势和政治形势，熟悉东道国相关法律法规，理解并贯彻公司整体经营战略，制定和执行海外资产运营战略编制工作，组织实施战略；掌握运营监控的业务和技术，熟悉企业管理信息系统，能够指导并执行海外企业治理
专业能 力项	企业品牌 影响能力	精通电网规划、建设、运行或检修维护专业知识，具备较强的组织管理能力及丰富的专业工作经历，具备成熟的海外市场视野，有意识地规划公司在海外的品牌建设
	收益风险 平衡能力	能够根据东道国社会经济环境编制、实施电价电费管理工作；能够保障公司海外收益按约取得；掌握跨国战略财务规划，平衡企业经营风险、财务风险与综合收益，维护公司在海外的经济利益和社会利益，保障企业可持续发展

电工装备出口（含海外工程承包中的销售人员）

专业 能力项	海外市场营销能力	能够与海外政府机构、行业协会、重要客户、专业人士保持高效的接触，创造市场机会；能够根据公司职能，主动收集海外市场信息，掌握市场分析方法，发现市场问题与动向，判断收益和奉献；能够制定区域市场拓展计划书
	海外商务体系搭建能力	熟悉国际招投标规则及相关法律法规，熟悉标书解读基本方法并能够独立编制标书，熟悉并能独立编制概预算；能够完成合同履行设计的各项工作，有效协调供应商、客户沟通，组织协调本部门完成合同范围内的各项工作；熟悉国际贸易、国际营销、国际金融、商务沟通在装备进出口领域的实务；有意识地逐步构建成熟的海外商务运作体系
	海外工程集成整包能力	熟悉电力工程承包各环节的装备配置，能以工程项目销售带动装备出口
	装备研发与制造力	具备市场导向的市场研发能力，能够为客户提供定制生产、按时生产的工程设备，促进"产研"一体模式高效运行

国际工程承包

专业 能力项	国际工程承包开拓能力	熟悉东道国电力行业与工程承包市场，与业主、分包商、咨询机构建立良好的商业往来，建立诚信、履责的形象；能够根据当地价格水平和项目方案估计投资规模，提出合理投标价格区间，提高竞标项目质量和竞标成功率
	国际工程总揽能力	具备扎实的输电、变电、土建工程专业基础，熟悉专业技术标准、规程规范，能够对技术方案进行评价；掌握国际工程物资管理实务；熟悉国内外电力施工生产安全规程、FIDIC 条款，能够履约组织项目施工
	海外工程业务整合能力	具备"走出去"战略意识，主动与各施工企业协商开展统一的分工协作，通过协调信息交流、信用申报、项目融资，增强工程业务国际竞争力，有意识地搭建统一的对外平台，共建优质的施工品牌
	政府关系与公关能力	掌握东道国电力技术标准、法律法规，依法进行工程项目管理、人员管理等，使工程施工过程、工程交付能够在当地环境下正常运行

国际标准制定

专业 能力项	行业标准趋势 洞察力	熟悉国际标准制定机构与基本内容，充分掌握电工电力技术发展体系，能跟踪国际标准现状及变化；根据计划收集国际标准的信息，在分析报告中准确表达观点
	行业标准研究 与制定能力	能够根据公司核心技术发展方向制定标准及工作规划，掌握执行标准，制定跟踪实务，具有掌握谈判进度等较强的谈判沟通能力，关注标准，制定实效
	行业内部专业 影响力	具备与国际标准制定机构、电力同行定期交流的主动性，制定、审核、执行技术交流的主题、方案、规格、预算、成员等，能够在行业内建立先进的专业口碑

国际能源合作

专业 能力项	能源领域趋势 洞察能力	熟悉国际能源市场、国际能源技术的基本要素，通过科学调研跟踪国际能源领域的现状与变化，能根据计划收集国际能源领域信息，在分析报告中准确表达观点
	国际合作商务 谈判能力	能灵活应用商务谈判原则与沟通技巧，具有丰富的商务谈判经验；掌握商务谈判组织与协调工作，能参与或组织团队进行国际商务谈判；能灵活应用跨文化沟通技巧，具有丰富的跨文化沟通与生活经验
专业 能力项	国际合作资源 整合能力	能够站在公司层面和国家利益层面，收集国内外能源合作供需，具备识别合作机会、评估合作风险、提案合作方式的能力
	政府关系与公 共能力	熟悉掌握国家及主要合作国家外交政策和公司外管理规定，参与制定、修订公司外事管理规定；熟悉公司应急管理有关规定，制定公司外事应急预案；熟悉掌握公司媒体沟通的有关规定，了解与媒体沟通的原则和技巧，能够与国内外媒体进行良好的沟通

国际技术咨询

专业 能力项	技术趋势市 场需求理解	熟悉国际能源市场技术需求的收集渠道，通过科学调研跟踪国际能源领域的现状与变化，能根据计划收集国际技术咨询需求信息，在分析报告中准确表达观点

续表

专业能力项	国际咨询业务风险管理能力	掌握咨询项目的成本、进度、交付质量控制，能有效协调各相关环节的相互配合，规避咨询业务相关的法律、商务风险
	技术研发应用咨询能力	掌握国际能源市场技术发展需求，立项和推进技术研发课题，能够将研发成果应用于实际业务，具有不断提高技术咨询服务能力的意识

国际交流合作

专业能力项	行业内部专业影响力	掌握收集或发布国际活动相关信息的渠道，具备与业内专业机构、业内同行、相关监管机构及其他群体交流的主动性，制定、审核、执行国际交流合作的主题、方案、规格、预算、成员等，能够在行业内建立先进的专业口碑和公司良好的社会形象
	政府关系与公共能力	熟悉掌握国家及主要合作国家外交政策和公司外管理规定，参与制定、修订公司外事管理规定；熟悉公司应急管理有关规定，制定公司外事应急预案；熟悉掌握公司媒体沟通的有关规定，了解与媒体沟通的原则和技巧，能够与国内外媒体进行良好的沟通

三、国际化文化力模型（Value）

诚信|责任|创新|奉献（见附图1-4）

附图1-4　国际化文化力

诚信

文化力名称	诚信
文化力意义	企业立业、员工立身的道德基石
文化力描述	每一位员工、每一个部门、每一个单位，每时每刻都要重诚信、讲诚信，遵纪守法、言行一致，忠诚国家、忠诚企业。这是公司履行职责，实现企业与员工、公司与社会共同发展的基本前提

责任

文化力名称	责任
文化力意义	勇挑重担、尽职尽责的工作态度
文化力描述	公司在经济社会发展中担负着重要的政治责任、经济责任和社会责任。每一位员工要坚持局部服从整体、小局服从大局，主动把这种责任转化为贯彻公司党组决策部署的自觉行动，转化为推进公司战略发展的统一意志，转化为推动工作的强劲动力，做到对国家负责、对企业负责、对自己负责

创新

价值观名称	创新
价值观意义	企业发展、事业进步的根本动力
价值观描述	公司发展的历程就是创新的过程。需要大力倡导勇于变革、敢为人先、敢于打破常规、敢于承担风险的创新精神，全面推进理论创新、技术创新、管理创新和实践创新

奉献

价值观名称	奉献
价值观意义	爱国爱企、爱岗敬业的自觉行动

续表

价值观名称	奉献
价值观描述	企业对国家、员工对企业都要讲奉献。在各类急难险重任务面前，公司员工不计代价、不讲条件、不怕牺牲，全力拼搏保供电，这就是奉献；在应对各项重大考验面前，公司上下坚决贯彻中央的决策部署，积极承担社会责任，这也是奉献；广大员工在平凡的岗位上恪尽职守、埋头苦干，脚踏实地做好本职工作，同样是奉献。坚持在奉献中体现价值，在奉献中赢得尊重，在奉献中提升形象

附录2　国家电网国际化人才课程体系手册

一、公司国际化人才课程体系全景图

附表2-1　　　　　　　　　国家电网公司国际化人才培训课程体系全景图

"两维"人才队伍

层级	业务人员			领导人员						目标人群
	四级正副职及以下			三级正副职			二级正副职			
	国际化领导力起航模块（进阶）			国际化领导力加速模块（进阶）			国际化领导力领航模块（进阶）			
	商务口语特训	自我认知与人际风格	信任的速度	系统思考	海外电力市场研究分析	高效执行	战略思维	商业敏锐	决策力 ／ 策略影响	
国际项目运营培训项目	驻外压力管理与心理调适	全球思维		成为领导的好助手	国家电网海外事例宣讲	风险意识	海外市场信息收集与分析	危机与公关	国家电网国际化战略解读与经营实践分析	外派人员
	所驻国风俗环境介绍	驻外纪律与安全		激发团队效能	跨文化冲突管理	有效沟通	战略实施	中国商业领导力	多元团队管理	
	投资并购	市场与商业模式研究、尽职调查、并购交易结构设计、并购财务与税务筹划、并购后企业接管与整合								
	海外运营	跨国公司管理、海外电网规划建设与运维、国际企业财务管理、全球供应链管理、国际能源及电力市场监管政策、公司治理与董事会								
	装备出口	国际商务沟通、国际金融、国际贸易实务、全球营销、国际采购、国际商法								
	工程承包	国际工程财务管理、海外工程总承包业务-合同管理、海外工程总承包业务—项目施工管理、送电工程设计、变电工程设计、土建工程设计、工程物资管理								
	标准制定	国际标准制定实务、标准跟踪与谈判、专家管理、技术组织项目管理、国际组织与国际标准								
	能源合作	国际能源形势与政策、国际组织与国际制度、国际谈判、公关与应急管理、外事管理与纪律								
	技术咨询	顾问式辅导、项目管理、辅导、项目领导力、策略影响								
	交流合作	国际经济合作与安全、海外市场信息收集与分析、公关与应急管理、国际谈判、国际商务礼仪、外事管理与纪律								
	价值观培养项目	建设和弘扬统一的企业文化			国家电网公司统一的企业文化建设			公司品牌建设与社会责任		建设社会主义先进文化	

"四级"项目体系

国家电网公司国际化人才培训课程体系全景图

	业务人员			领导人员						
	四级正副职及以下			三级正副职			二级正副职			
	国际化领导力起航模块（基础）			国际化领导力加速模块（基础）			国际化领导力领航模块（基础）			
	高效能人士的七个好习惯	特高压电网建设与海外推广		系统思考	海外电力市场研究分析	高效执行	战略思维	商业敏锐	决策力 ／ 策略影响	
国际商务管理培训项目	初级商务英语 ／ 责任心 ／ 项目管理	国际能源现状及发展趋势		成为领导的好助手	风险意识	有效沟通	国家电网国际化战略解读与经营实践分享			国内支持人员
	新能源及泛能电网建设与海外推广	国际政治格局经济形势与能源形势		激发团队效能	国家电网海外事例宣讲	战略实施	中国商业领导力			
	投资并购	市场与商业模式研究、尽职调查、并购交易结构设计、并购财务与税务筹划、并购后企业接管与整合								
	海外运营	跨国公司管理、国际企业财务管理、全球供应链管理、国际能源及电力市场监管政策、公司治理与董事会								
	装备出口	国际商务沟通、国际金融、国际贸易实务、全球营销、国际采购、国际商法								
	工程承包	国际工程财务管理、海外工程总承包业务—合同管理、送电工程设计、变电工程设计、土建工程设计、工程物资管理								
	标准制定	国际标准制定实务、标准跟踪与谈判、专家管理、技术组织项目管理、国际组织与国际标准								
	能源合作	国际能源形势与政策、国际组织与国际制度、国际谈判、公关与应急管理、外事管理与纪律								
	技术咨询	顾问式辅导、项目管理、辅导、项目领导力、策略影响								
	交流合作	国际经济合作与安全、公关与应急管理、国际谈判、国际商务礼仪、外事管理与纪律								
	价值观培养项目	建设和弘扬统一的企业文化			国家电网公司统一企业文化建设			公司品牌建设与社会责任		建设社会主义先进文化	

国家电网公司国际化人才培训课程体系全景图

	国家电网价值观课程体系						
海外本土员工培训项目	诚信	责任	创新	奉献	公司品牌建设与社会责任		海外本土人员
	中外文化理解误区 workshop						
	全球五大文化维度		中外文化理解常见误区理解		跨文化沟通交流四步法		
	跨文化内部讲师 TTT 训练营						
	引导式授课技巧		跨文化课程设计与教学工具使用		走上讲台		
	国家电网文化之旅			海外领导人才培养项目			
	多元团队管理	国家电网国际化战略解读与经营实践	中国商业领导力	跨文化冲突解决	国家电网公司国际化现状与战略研讨 workshop	中西方文化差异	跨文化交际
优秀实践海外传播	国网先进实践推广培训模块						各利益方
	◇以国际领先的内部实践建立国际影响力		◇以国际化软、硬件实力打造国际化交流平台		◇以国际视野拓展公司国际化宣传推广渠道		

二、公司国际化领导力课程（部分示例）

1. 驻外压力管理与心理调适	对应能力
■　本课程旨在使学员掌握压力出现的原因；掌握心理减压与情绪调节，正确面对外派中的各种压力，引导学员构建内心正能量的源泉。	积极乐观
课程简介	适用项目人员
■建议时长：1 天 ■学习方式：课堂讲授、案例分析、情景模拟 ■培训对象：四级正副职及以下 ■课程来源：定制外购	国际项目运营人才（四级正副职及以下）

内容概要
■　什么是压力

- 压力的心理学定义
- 应对压力的核心办法
- 情商——认知真实的自我
- 测评：你的压力指数有多少？

■　对压力一分为二

- 压力的积极面——何谓"适当"
- 压力的消极面——何谓"过犹不及"
- 爱丽丝的 ABC 理论

■　心理问题与心理调适

- 心理问题的三大特性
- 心理问题的双向趋势
- 外派中常见的心理亚健康状态和调适

■　心理健康的七条标准

■　积极心态与消极心态

■　压力应对方法

2. 全球思维	对应能力
■ 本课程将与学员深入探讨在中国专业人才进入全球性职位时，需要理解的中国专业人才现状，中西方文化差异，中国专业人才如何适应西方文化，在西方国家工作的中国企业领导者和中国专业人才的未来发展等问题。	文化敏感

课程简介	适用项目人员
■ 建议时长：1 天 ■ 学习方式：课堂讲授、案例分析、情景模拟 ■ 培训对象：四级正副职及以下 ■ 课程来源：定制外购	国际项目运营人才（四级正副职及以下）

内容概要

- ■ 了解当今中国的领导力现状
  - 大背景
  - 成为全球性领导者的必要准备
- ■ 西方文化
- ■ 中国专业人才与西方文化
  - 在西方社会发展的中国专业人才
  - 西方人眼中的中国人
  - 西方人力资源政策及社交网络
- ■ 西方社会的中国企业领导者
  - 西方社会对中国企业领导者期望
  - 从中国管理者向全球领导者转变
  - 对西方老板的期望
- ■ 展望未来
  - 在西方社会发展的中国专业人才的未来

3. 驻外纪律与安全	对应能力
■ 本课程既注重外事管理的基本理论，又兼顾外事工作的事务性特点，力求做到理论与实践相结合，既能够把握外事基本理论，又能够掌握外事实践技术的目的。	自律意识 安全意识

续表

课程简介	适用项目人员
■ 建议时长：0.5 天 ■ 学习方式：课堂讲授、案例分析 ■ 培训对象：四级正副职及以下 ■ 课程来源：自主开发	国际项目运营人才（四级正副职及以下）

内容概要
■ 外事管理概述 　● 国家电网外事纪律的有关要求 　● 外事管理体系 　● 外事机构与外教机构 ■ 涉外事务管理 　● 涉外经济贸易管理 　● 涉外司法管理 　● 出入境管理 　● 国际会议与会议外交 　● 外事手续办理流程；外事案例

4. 自我认知与人际风格	对应能力
■ 本课程对人格形态区分为四类，帮助学员掌握不同的人性差异和行为特征；同时能够深入了解自我，更好地改善自己的人际风格。	人际理解

课程简介	适用项目人员
■ 建议时长：0.5 天 ■ 学习方式：课堂讲授、案例分析、情景模拟、小组分析 ■ 培训对象：四级正副职及以下 ■ 课程来源：定制外购	国际项目运营人才（四级正副职及以下）

内容概要
■ 人际风格的基本认知 ■ 人际风格的行为特征 ■ 自我风格认知

续表

- 自我风格探索
- 人际风格自我拓展

■ 风格管理之人际调适
  - 各类风格的行为长处
  - 人际调试的层次和行为步骤
  - 人际元素的行为调整

■ 人际风格与人际沟通

■ 人际风格之领导技巧
  - 不同风格领导者的特性
  - 如何领导不同风格的人

5. 商务口语特训	对应能力
■ 本课程通过情境教学，遵循成人语言学习特点，使学员掌握英语工作环境中的语言应用；通过角色扮演，激发学员对非语言交流技巧的探索。	英语能力
课程简介	适用项目人员
■ 建议时长：0.5 天 ■ 学习方式：课堂讲授、情景模拟、角色扮演 ■ 培训对象：四级正副职及以下 ■ 课程来源：定制外购	国际项目运营人才（四级正副职及以下）
内容概要	
■ 安排会议 ■ 开始会议 ■ 提问 ■ 解决问题 ■ 谈判 ■ 工作访谈 ■ 国际商务 ■ 员工信息 ■ 员工的声音	

续表

6. 信任的速度	对应能力
■ 本课程旨在通过商业环境中的典型案例，使学员掌握建立政府信任、企业信任、人际信任的要领，发挥信任在经营活动中降低成本、提高效率的能动性。	信任能力
课程简介	**适用项目人员**
■ 建议时长：1 天 ■ 学习方式：课堂讲授、案例分析，小组讨论 ■ 培训对象：四级正副职及以下 ■ 课程来源：定制外购	国际项目运营人才（四级正副职及以下）
内容概要	

■ 信任所带来的效率是最高的
■ 第一波信任：自我的信任
  ● 信用的原则
  ● 信用的四个核心：诚实、动机、能力、成果
■ 第二波信任：关系的信任
  ● 行为的原则
  ● 十三种行为：直率交流、表达尊重、公开透明、匡救弥缝、显示忠诚、取得成果、追求进步、面对现实、明确期望、负起责任、先听后说、信守承诺、传递信任
■ 第三、第四、第五波信任：利益相关者的信任
  ● 第三波信任：组织的信任——协调的原则
  ● 第四波信任：市场的信任——声誉的原则
  ● 第五波信任：社会的信任——奉献的原则
■ 激发信任与重建失去的信任	

7. 所驻国风俗环境介绍	对应能力
■ 本课程通过介绍所驻国国家概况、历史、地理、政治、军事、外交、经济、交通、教育等方面，使学员更加深入地掌握所驻国风俗环境。	所驻国生活适应能力

续表

课程简介	适用项目人员
■ 建议时长：1 天 ■ 学习方式：课堂讲授、在线学习 ■ 培训对象：四级正副职及以下 ■ 课程来源：定制外购	国际项目运营人才（四级正副职及以下）

内容概要
■ 国家概况 ■ 历史 ■ 地理 ■ 政治 ■ 军事 ■ 外交 ■ 经济 ■ 交通 ■ 教育

8. 系统思考	对应能力
■ 本课程旨在让学员具备一定的系统思考能力，既能够从专业的全链条分析问题，也能够从公司全面管理的角度进行系统思考。	系统思考

课程简介	适用项目人员
■ 建议时长：0.5 天 ■ 学习方式：课堂讲授、案例分析 ■ 培训对象：三级正副职 ■ 课程来源：定制外购	● 国际项目运营人才（三级正副职） ● 国际商务管理人才（三级正副职）

内容概要
■ 系统学习概论 　● 组织学习的七项障碍 　● 如何看系统思考 　● 掌握结构层次的洞察力

续表

- 什么是系统思考
  - 无处不在的"系统"
  - 从"思考系统"到"系统思考"
- 第五项修炼的微妙法则
- 细节复杂性和动态复杂性
  - 思考模式的改变
  - 系统思考语言的基本元件：正反馈、负反馈、延迟
- 综观全局掌握重点
  - 系统基本模式的用途
  - 系统基本模式
- 系统思考实战

9. 海外电力市场研究分析	对应能力
■ 本课程旨在让学员具备一定的系统思考能力，既能够从专业的全链条分析问题，也能够从公司全面管理的角度进行系统思考。	行业洞察
课程简介	**适用项目人员**
■ 建议时长：0.5 天 ■ 学习方式：课堂讲授、案例分析、小组研讨 ■ 培训对象：三级正副职 ■ 课程来源：自主开发	● 国际项目运营人才（三级正副职） ● 国际商务管理人才（三级正副职）
内容概要	
■ 海外电力市场研究概述 　● 行业研究是什么 　● 行业研究的模块 　● 行业研究如何开展 ■ 案例分析：所驻国海外电力市场研究分析 　● 所驻国电力市场环境分析 　● 所驻国电力发展历程研究 　● 所驻国电力相关政策法规介绍	

续表

- 所驻国电力市场特点分析
- 所驻国电力市场当年动态
- 所驻国电力市场趋势分析
- 所驻国竞争对手分析

10. 战略实施	对应能力
■ 本课程从制定和实施公司战略规划所需的前置信息分析入手，通过充分学习 SWOT（企业战略分析方法）分析，如何确定需优先考虑的问题以及如何制定目标的技巧，从而达到有效实施战略的目的。	战略执行
课程简介	**适用项目人员**
■ 建议时长：0.5 天 ■ 学习方式：课堂讲授、案例分析、小组研讨 ■ 培训对象：三级正副职 ■ 课程来源：自主开发	● 国际项目运营人才（三级正副职） ● 国际商务管理人才（三级正副职）
内容概要	
■ 战略及战略实施的作用 ■ 组织的作用 ■ 案例研究：战略与组织的契合度 ■ 战略实施模型 ■ 构建绩效文化 ■ 领导力 ■ 案例研究：中国的战略实施与领导力 ■ 领导的抉择和战略实施时的权衡取舍 ■ 战略转型和变革管理 ■ 创新管理 ■ 案例研究：在中国运营一个研发中心 ■ 制定自己的战略实施计划	

11. 高效执行	对应能力
■　本课程为学员提供建设高效团队的基本知识和必要技能，使学员能够在工作中成功地运用所学到的知识和技能，课程通过互动式教学引导，实现从"观念"到"行为"的根本改变。	快速反应 高效执行

课程简介	适用项目人员
■　建议时长：1 天 ■　学习方式：课堂讲授、案例分析、角色扮演、小组研讨 ■　培训对象：三级正副职 ■　课程来源：自主开发	● 国际项目运营人才 （三级正副职） ● 国际商务管理人才 （三级正副职）

内容概要
■　从战略到执行 　　● 企业执行力的模型 　　● 战略系统的梳理与企业共识 　　● 高层管理团队的执行责任 ■　管理者的思考力与转化力 　　● 管理者的有效思维 3 原则 　　● 从战略到执行思考要领 　　● 管理者的转化工作 　　● 目标的关联性与延续性 　　● 目标、任务、标准 ■　管理者的沟通力与督导力 　　● 高层管理者的有效沟通要素 　　● 什么是沟通的效果 　　● 沟通力体现的三项技巧：表达、重复、造势 　　● 督导与跟进的方法

12. 成为领导的好助手	对应能力
■　本课程从向上级反映问题、阐明机会的角度入手，学习如何改善与上级之间的工作关系。如何与上级交流和协商，达到与上级更有效协作的效果，进而更好地在专业上支持领导决策。	支持决策

续表

课程简介	适用项目人员
■ 建议时长：0.5 天 ■ 学习方式：课堂讲授、在线学习、案例分析 ■ 培训对象：三级正副职 ■ 课程来源：定制外购	● 国际项目运营人才（三级正副职） ● 国际商务管理人才（三级正副职）

内容概要

- ■ 认清自我定位
  - ● 认清作为下属角色的定位与要求
  - ● 中层管理者在企业中的位置
  - ● 中层管理者作为下属的职业准则
  - ● 作为下属时常见的四大认识误区
- ■ 向上管理的目的
- ■ 如何与上司沟通
  - ● 与上司沟通的六大障碍
  - ● 接受上司指示的五个要点
  - ● 如何正确地向上司汇报工作
  - ● 与上司沟通的八大规则
- ■ 学会沟通、获得上司更多的支持与资源
  - ● 了解上级的领导风格
  - ● 具备全局眼光，支持领导决策
  - ● 注重执行，做放心的下属

13. 有效沟通	对应能力
■ 本课程旨在帮助学员通过掌握树立可信度、赢得受众、克服阻力、利用说服触发点等方法，以达到成功说服受众的效果。	关系拓维 沟通协同

课程简介	适用项目人员
■ 建议时长：0.5 天 ■ 学习方式：课堂讲授、在线学习、案例分析、角色扮演 ■ 培训对象：三级正副职 ■ 课程来源：定制外购	● 国际项目运营人才（三级正副职） ● 国际商务管理人才（三级正副职）

续表

内容概要
■　什么是沟通 　　● 听比说更重要 　　● 表达方式比内容更重要 ■　战胜沟通障碍 　　● 为什么产生沟通障碍 　　● 如何提问 　　● 换位思考 　　● 角色扮演 ■　倾听技巧 　　● 积极倾听 　　● 反馈 　　● 探究深层信息 ■　建立亲密关系 ■　提问技巧 　　● 使用开放性问题 　　● 角色扮演

14. 激发团队效能	对应能力
■　本课程从管理者视角全面透析管理者的思想、角色、责任与使命，并通过体验式的训练方式改变管理者的"思维模式"，同时纠正管理者的不良管理行为，传授实用性极强的管理工具和表单。	激励团队
课程简介	**适用项目人员**
■　建议时长：0.5 天 ■　学习方式：课堂讲授、在线学习、案例分析 ■　培训对象：三级正副职 ■　课程来源：定制外购	● 国际项目运营人才（三级正副职） ● 国际商务管理人才（三级正副职）
内容概要	
■　团队效能是什么 ■　如何激励你的员工	

续表

- 需求层次理论和双因素理论
- 处于不同职业生涯阶段员工的需求特点
■ 有效的激励要素
  - 领导者在激励中的作用
  - 激励中的常见误区
■ 如何发展你的员工
  - 领导者是教练
  - 什么是优秀教练
■ 辅导技能
  - 建设性反馈
  - 寻找辅导的合适时机
  - 辅导的五大步骤

15. 跨文化冲突管理	对应能力
■ 本课程旨在让学员理解和掌握跨文化冲突产生的原因、类型，并且能够顺利地解决团队中的跨文化冲突，有效影响跨文化团队，打造优秀的跨文化团队。	跨文化冲突解决
课程简介	适用项目人员
■ 建议时长：0.5 天 ■ 学习方式：课堂讲授、案例分析、情境模拟、小组研讨 ■ 培训对象：三级正副职 ■ 课程来源：定制外购	国际项目运营人才（三级正副职）
内容概要	

■ 导入
  - 文化与跨文化概念
  - 解读文化起源、发展和体现
■ 跨文化沟通力与管理
  - 适用于所有人类的沟通"给力点"
  - 日常跨文化沟通中的表达与反馈
■ 跨文化冲突
  - 跨文化冲突解决方法

续表

- ● 跨文化冲突解决案例分析
- ■ 跨文化影响力
  - ● 影响力的心理学原理
  - ● 跨文化影响力的方法和内容
  - ● 跨文化影响力的实际运用
- ■ 跨文化团队
  - ● 跨文化团队类型
  - ● 如何打造优秀的跨文化团队

16. 公司海外工作交流	对应能力
■ 本课程旨在通过工作交流的形式，让学员掌握关怀下属的各种方式，重点是传递关怀下属的素质项。	关怀下属
课程简介	**适用项目人员**
■ 建议时长：1 天 ■ 学习方式：课堂讲授、案例分析、小组研讨 ■ 培训对象：三级正副职 ■ 课程来源：自主开发	国际项目运营人才（三级正副职）
内容概要	
■ 建议学员以小组的形式，搜集所驻地单位领导们对下属外派员工关怀的实践内容，并形成鲜活的实例 ■ 在通过各种形式的宣讲和交流，达到让学员了解关怀下属的必要性与关怀方式，传递关怀下属的精神	

17. 风险意识	对应能力
■ 本课程通过案例分析和情境模拟，触发学员电力行业应急管理中的风险意识，认识风险发生的原因、风险触发产生的后果，识别电力运营中的风险点。	风险意识
课程简介	**适用项目人员**
■ 建议时长：1 天 ■ 学习方式：课堂讲授、案例分析、情景模拟 ■ 培训对象：三级正副职 ■ 课程来源：自主开发	● 国际项目运营人才（三级正副职） ● 国际商务管理人才（三级正副职）

续表

内容概要

■ 电力企业应急管理案例分析
- 电力应急工作总体要求与现状
- 海外电力应急工作形势

■ 电力企业应急管理体系的建立
- 风险控制导向应急管理体系设计工作坊
- 应急演练的组织和实施实战演练

18. 海外市场信息收集与分析	对应能力
■ 本课程旨在使学员掌握海外市场分析的方法，提高海外市场分析能力，更好地胜任海外市场信息收集、处理、分析、报告的重要工作。	行业内部专业影响力

课程简介	适用项目人员
■ 建议时长：1 天 ■ 学习方式：课堂讲授、小组研讨 ■ 培训对象：三级正副职 ■ 课程来源：自主开发	● 国际项目运营人才 （三级正副职） ● 国际商务管理人才 （三级正副职）

内容概要

■ 定义与类别
■ 海外市场信息收集的来源
■ 海外市场信息分析的一般方法
- 信息联想法
- 信息综合法
- 信息预测法
- 信息评估法

■ 海外市场信息分析案例
■ 海外市场信息分析的报告
- 报告的流程和重要模块
- 报告的格式
- 报告的技巧

19. 战略思维	对应能力
■ 本课程着眼于战略计划和决策实践，帮助学员澄清总部与下属部门战略的传递、识别各种战略制定的影响因素，通过练习，提升学员在工作中的战略性思考和战略计划能力。	前瞻眼光 全局意识 业务规划
课程简介	适用项目人员
■ 建议时长：1 天 ■ 学习方式：课堂讲授、在线学习、小组研讨 ■ 培训对象：二级正副职 ■ 课程来源：自主开发	● 国际项目运营人才（二级正副职） ● 国际商务管理人才（二级正副职）

内容概要

- ■ 战略澄清
  - 什么是战略
  - 战略如何通过组织结构向下传导
- ■ 高效的战略计划
  - 明确战略的类型和特点
  - 公司战略，事业部战略，职能战略
  - 制定可行性战略
  - 战略抉择——构建可持续竞争优势
  - 实践练习和案例分析
- ■ 绘制战略地图
  - 什么是战略地图
  - 客户、运营、学习与发展四层面解码
  - 案例分析
- ■ 小组研讨：从国网总部逐层分解并制定海外所驻地的战略

20. 商业敏锐	对应能力
■ 本课程旨在培养学员站在公司角度思考的商业敏感度，树立大局观和目标感，优化管理决策，加深对公司财务的理解。深刻体会他们的决策会对企业的增长和盈利起到怎样的作用。	业务敏感

续表

课程简介	适用项目人员
■ 建议时长：1 天 ■ 学习方式：课堂讲授、情景模拟 ■ 培训对象：二级正副职 ■ 课程来源：定制外购	● 国际项目运营人才 （二级正副职） ● 国际商务管理人才 （二级正副职）
内容概要	
■ 市场分析与竞争策略 ■ 战略路径选择 ■ 市场预测解读——预算编制与利润中心 ■ 情景模拟：企业实战演练 ■ 评估企业健康水平——企业财务报表分析 ■ 情景模拟：企业运营实战演练 ■ 盈亏平衡点——保本经营与投资争先 ■ 情景模拟：企业运营实战演练 ■ 流动性计划——投资、融资与现金流管理 ■ 情景模拟：企业运营实战演练	

21. 决策力	对应能力
■ 本课程将帮助学员演练优良决策的制定途径、避免决策陷阱，提升决策共识的组织构建能力和实施能力，提升对结果承担的控制力和责任意识。	判断决策 风险承担 推动执行
课程简介	适用项目人员
■ 建议时长：2 天 ■ 学习方式：课堂讲授、在线学习、案例分析、角色扮演 ■ 培训对象：二级正副职 ■ 课程来源：定制外购	● 国际项目运营人才 （二级正副职） ● 国际商务管理人才 （二级正副职）
内容概要	
■ 决策力简介 　　● 决策是什么 　　● 决策过程中容易遇到的问题和挑战	

续表

- 高效决策的关键
  - 决策的准则
  - 优良决策五部曲
- 决策的风格特征
  - 决策的四种风格
  - 角色扮演：不同风格的决策场景
- 决策的盲点和误区
  - 决策的三个陷阱
  - 决策过程中的四大盲点
- 危机决策与群策群力
  - 处理危机的六个步骤
  - 群策群力需要考虑到的问题

22. 策略影响	对应能力
■ 本课程旨在使学员具备制定一个具有创造性的、结构化的、富有价值的战略关系建立计划，使管理者能够有影响、有步骤地开发和维护市场关系。	渠道开拓 策略影响
课程简介	适用项目人员
■ 建议时长：1 天 ■ 学习方式：课堂讲授、在线学习、案例分析、情境模拟 ■ 培训对象：二级正副职 ■ 课程来源：定制外购	● 国际项目运营人才 （二级正副职） ● 国际商务管理人才 （二级正副职）
内容概要	

- 优先级别——谁是最直接的利益相关者
  - 客户背景和定位研究
  - 公司定位和市场研究
- 制定大客户战略
  - 了解客户潜力
  - 如何开发长期客户
- 建立伙伴关系
  - 规划客户网络，稳定客户关系
  - 构建战略层次的服务协议

续表

- ■ 客户引导和客户影响
  - ● 商业机会开发
  - ● 支持者发展

23. 公司国际化战略解读	对应能力
■　本课程旨在帮助学员深刻理解国家电网的国际化战略，通过研讨的模式分解至学员分管的领域或国家。通过组内分享的方式，分享海外经营的优秀实践。	使命感召
课程简介	**适用项目人员**
■ 建议时长：1 天 ■ 学习方式：课堂讲授、案例分析 ■ 培训对象：二级正副职 ■ 课程来源：自主开发	● 国际项目运营人才（二级正副职） ● 国际商务管理人才（二级正副职）
内容概要	
■ 国家电网国际化进程现状 ■ 高层解读国家电网国际化战略 ■ 各领域和国家经营实践分享 ■ 小组研讨：战略分解 ■ 愿景与使命回顾	

24. 多元团队管理	对应能力
■　本课程旨在帮助学员发展自身及团队成员的能力，以应对全球市场环境中与单一文化和多元文化团队合作所面临的挑战，并更加有效地领导多元化团队。	管理多元文化团队
课程简介	**适用项目人员**
■ 建议时长：1 天 ■ 学习方式：课堂讲授、在线学习、案例分析、情境模拟 ■ 培训对象：二级正副职 ■ 课程来源：定制外购	● 国际项目运营人才（二级正副职）

续表

内容概要

■ 了解文化差异
  ● 文化差异的各个维度
  ● 发展文化智商的战略
  ● 解决冲突的战略
■ 多元文化团队中工作—情景模拟
  ● 发展技术性技能
  ● 发展总体的领导力机能以及具体的文化智商
■ 个人发展计划
  ● 分析情景模拟中出现的文化差异
  ● 有效处理差异的战略
  ● 发展自身文化智商的战略
■ 制定旨在提高文化智商的个人发展计划
  ● 分析情景演练中的个人优劣势
  ● 制定旨在提高多元化文化领导能力的个人发展计划
  ● 为团队制定一份发展计划

三、公司国际化专业力课程（部分示例）

市场与商业模式研究		对应能力
■ 本课程旨在让学员学会市场分析报告的撰写、理解和区分商业模式、商业模式的分析及设计，为上级的定案提供支持。		优质资源开拓与甄选能力 行业机会洞察能力
课程简介		适用项目人员
■ 建议时长：1天 ■ 学习方式：课堂讲授、案例分析、小组研讨 ■ 培训对象：跨国投资并购人员 ■ 课程来源：定制外购		● 国际项目运营人才（投资并购业务序列） ● 国际商务管理人才（投资并购业务序列）

续表

内容概要
■　市场分析构成
■　市场分析的常用工具介绍与应用
●　重构商业模式与企业竞争优势
●　市场分析常用工具介绍
●　案例分析：某海外市场分析案 例
■　商业模式的概念与要素
■　商业模式的几个关键澄清
●　商业模式与管理模式的异同
■　商业模式设计
●　商业模式的分类与适用条件
●　商业模式设计步骤
●　不同资源能力条件下商业模式的构建案例
■　海外电力行业商业模式案例分析与讨论

尽职调查	对应能力
■　本课程旨在帮助学员掌握尽职调查的目的、原则、一般程序，引导他们从第三方尽职调查报告中获取关键信息、评价信息质量	海外财务运作能力 海外并购执行力
课程简介	适用项目人员
■　建议时长：2 天 ■　学习方式：课堂讲授、案例分析、小组研讨 ■　培训对象：跨国投资并购人员 ■　课程来源：定制外购	●国际项目运营人才 （投资并购业务序列） ●国际商务管理人才 （投资并购业务序列）
内容概要	
■　尽职调查的目的、原则与一般程序 ■　尽职调查报告及关键点介绍 ■　财务专项尽职调查 ■　商业尽职调查 　　●　商业尽职调查实施步骤 　　●　商业尽职调查与价值评估	

续表

- 　　● 商业尽职调查案例分析
- ■ 第三方尽职调查
- 　　● 第三方尽职调查的作用与价值
- ■ 如何使用尽职调查的结果
- 　　● 确定收购价格
- 　　● 提出改善条件、调整收购价格
- 　　● 终止交易

并购交易结构设计	对应能力
■ 本课程旨在使学员掌握并购交易结构设计的基本知识；通过案例分析，使学员掌握公用事业行业交易并购结构设计特点和难点，从而提升组织设计、评价设计、审核设计的能力。	国际资本整合能力 海外财务运作能力 海外并购执行能力
课程简介	适用项目人员
■ 建议时长：2 天 ■ 学习方式：课堂讲授、案例分析 ■ 培训对象：跨国投资并购人员 ■ 课程来源：定制外购	● 国际项目运营人才 （投资并购业务序列） ● 国际商务管理人才 （投资并购业务序列）
内容概要	

- ■ 交易结构设计的目的
- ■ 交易结构的分类
- ■ 融资安排
- 　　● 并购融资工具的选择
- 　　● 融资成本与融资风险
- 　　● 融资原则
- ■ 交易结构设计的原则
- 　　● 政治
- 　　● 商业原则
- 　　● 社会责任
- 　　● 长期战略与经营策略
- 　　● 并购与重组
- 　　● 低调与沟通
- 　　● 时机与速度

并购财务与估值	对应能力
■　本课程旨在向学员解读会计和税法政策，使学员掌握并购中的会计处理、会计政策调整、税务筹划等问题，提升学员对并购中财税方案设计的理解力和判断力。	海外财务运作能力 海外并购执行力

课程简介	适用项目人员
■　建议时长：2 天 ■　学习方式：课堂讲授、案例分析 ■　培训对象：跨国投资并购人员 ■　课程来源：定制外购	● 国际项目运营人才（投资并购业务序列） ● 国际商务管理人才（投资并购业务序列）

内容概要
■　并购财务会计政策 ■　并购税收筹划 ■　海外并购税务筹划目的 ■　海外并购税务法规介绍 ■　近年税务法规调整及重难点 ■　税务筹划分析 ■　国际案例与借鉴 ■　并购目标的估值方法 ■　协同增效价值专题 +L4 ■　公用设施行业估值案例讨论

并购后的接管与整合	对应能力
■　本课程旨在明确成功并购所需达成的结果，构建学员对并购后整合的整体思路，掌握并购企业接管工作中的关键点，从而最大限度地实现并购整合的协同效应。	国际资本整合能力 海外并购执行力

课程简介	适用项目人员
■　建议时长：2 天 ■　学习方式：课堂讲授、案例分析 ■　培训对象：跨国投资并购人员 ■　课程来源：定制外购	● 国际项目运营人才（投资并购业务序列） ● 国际商务管理人才（投资并购业务序列）

续表

内容概要
■ 并购成功的融合关键
■ 融合方法
■ 并购的项目管理
■ 并购整合中的常见问题及解决
■ 中国企业海外并购整合的挑战 和经验及案例分享

跨国公司管理	对应能力
■ 本课程旨在帮助学生了解跨国公司管理的各个侧面，区分于国内经营的不同，掌握海外经营的核心理念和核心方法。	深度运营管控能力 企业品牌影响能力
课程简介	适用项目人员
■ 建议时长：2 天 ■ 学习方式：课堂讲授、案例分析、小组研讨 ■ 培训对象：海外资产运营人员 ■ 课程来源：定制外购	● 国际项目运营人才（海外运营业务序列） ● 国际商务管理人才（海外运营业务序列）
内容概要	

内容概要
■ 跨国公司对外投资理论
■ 跨国公司的全球战略与经营策略
■ 跨国公司治理
■ 跨国公司的组织结构
■ 跨国公司的生产运营管理
■ 内部贸易与转移定价
■ 各主要国家对跨国公司的政策
■ 跨国公司发展新趋势
■ 中国企业跨国经营案例

海外电网建设规划与运维	对应能力
■ 本课程旨在使学员掌握中国新能源及智能电网建设的创新成果和建设实例，理解海外新能源及智能电网建设的市场需求，为新能源及智能电网建设成果的海外应用奠定基础。	深度运营管控能力

续表

课程简介	适用项目人员
■ 建议时长：1 天 ■ 学习方式：课堂讲授、案例分析、小组研讨 ■ 培训对象：海外资产运营人员 ■ 课程来源：自主开发	● 国际项目运营人才 （海外运营业务序列）

内容概要

■ 国家电网公司新能源及智能电网建设前沿
    ● 新能源及智能电网建设历程与建设能力
    ● 新能源与智能电网建设规划与最新进展
    ● 新能源及智能电网关键设备及技术取得的创新成果、应用情况
■ 国际市场新能源及智能电网建设概览
    ● 国外新能源及智能电网建设现状及市场需求
    ● 新能源及智能电网建设向海外推广的已有条件、待解决的问题
    ● 新能源及智能电网建设向海外推广可提供的支持、注意事项及工作建议

国际企业财务管理	对应能力
■ 本课程旨在使学生掌握跨国企业国际筹资管理、国际投资管理、外汇收支管理、外汇风险管理以及跨国企业内部资金管理等基本理论，掌握汇率预测和外汇风险管理方法。	深度运营管控能力 收益风险平衡能力

课程简介	适用项目人员
■ 建议时长：2 天 ■ 学习方式：课堂讲授、案例分析、小组研讨 ■ 培训对象：海外资产运营人员 ■ 课程来源：定制外购	● 国际项目运营人才 （海外运营业务序列） ● 国际商务管理人才 （海外运营业务序列）

内容概要

■ 跨国公司与国际金融环境
    ● 国际金融市场
    ● 国际资本流动
    ● 外汇风险
■ 国际财务会计与跨国企业内部控制
    ● 主要国家会计准则

续表

- 中国对主要投资国企业税务筹划分析
- 国际财务管理组织模式
- 跨国企业内部控制设计与分析
■ 跨国公司财务管理实务
  - 跨国公司生产经营计划
  - 跨国公司财务预算决策
  - 国际融资案例分析
  - 国际直接投资案例分析
  - 跨国公司股利分配案例分析
  - 跨国公司中长期战略制定研讨

全球供应链管理	对应能力
■ 本课程旨在帮助学员掌握跨境采购的基础知识和基本操作，通过案例分析，丰富学员在该业务上的经验。	收益风险平衡能力
课程简介	**适用项目人员**
■ 建议时长：2 天 ■ 学习方式：课堂讲授、案例分析、小组研讨 ■ 培训对象：海外资产运营人员 ■ 课程来源：定制外购	●国际项目运营人才（海外运营业务序列） ●国际商务管理人才（海外运营业务序列）
内容概要	

- 国际贸易术语
  - 术语的计算及换算方法
  - 国际贸易术语的选择与运用
- 进出口流程及单证
- 国际贸易业务中交易货币的选择
- 国际外汇结算的操作
- 信用证操作要点
- 国际物流成本控制方法
- 国际货物运输方式的选择
- 国际货物投保
- 纠纷预防的主要措施

国际能源及电力市场监管政策	对应能力
■　本课程旨在帮助学员深入了解国际能源市场，提高把控国际能源市场的机会和开发方向的能力。	深度运营管控能力

课程简介	适用项目人员
■　建议时长：2天 ■　学习方式：课堂讲授、案例分析、小组研讨 ■　培训对象：海外资产运营人员 ■　课程来源：自主开发	● 国际项目运营人才（海外运营业务序列） ● 国际商务管理人才（海外运营业务序列）

内容概要
■　国际能源市场及电力市场监管政策 　　● 欧盟（如第三能源包）各国电力市场介绍和市场监管政策 　　● 南美各国电力市场介绍和市场监管政策 　　● 北美各国电力市场介绍和市场监管政策 ■　国际能源形势对国家电网海外投资的影响 　　● 公司海外投资策略制定研讨会 　　● 公司历史投资案例分析

公司治理与董事会	对应能力
■　本课程旨在使海外资产运营人员了解董事会在公司治理中的职责全貌、工作流程和权利义务，帮助海外企业管理人员加深对海外并购的认识，帮助其快速适应所驻国企业管理职能。	深度运营管控能力

课程简介	适用项目人员
■　建议时长：2天 ■　学习方式：课堂讲授、案例分析、小组研讨 ■　培训对象：海外资产运营人员 ■　课程来源：定制外购	● 国际项目运营人才（海外运营业务序列） ● 国际商务管理人才（海外运营业务序列）

内容概要
■　董事会结构与运作方式 　　● 董事会规模与人员构成 　　● 董事会会议

续表

- 审计委员会、薪酬委员会与公司治理委员会
- 董事会考核
■ 董事会的职责
- 董事会的职能
- 董事会与管理层的关系
■ 董事会案例研讨
- 企业级战略
- 经理人报酬与企业绩效
- 董事报酬与治理结构

四、公司国际化文化力课程（部分示例）

国家电网公司统一的企业文化建设	对应能力
■ 本课程旨在帮助学员深入了解公司价值理念体系，提高培育和传播卓越企业文化的能力，不断增强文化引导力和影响力。	公司价值理念体系
课程简介	**适用项目人员**
■ 建议时长：0.5 天 ■ 学习方式：课堂讲授、小组研讨 ■ 培训对象：国际化全员 ■ 课程来源：自主开发	国际化全员
内容概要	
■ 将企业文化与经营管理相结合的理论和方法 ■ 学习公司优秀企业文化建设的典型经验和做法 ■ 掌握传播卓越企业文化的方法	

附录3　国家电网国际化人才项目体系手册

一、国际化人才培训项目体系介绍

国际化人才培训项目体系服务于"四极两维"国际化人才，主要包括"国际项目运营培训"项目、"国际商务管理培训"项目"海外本土员工培训"项目和"优秀实践海外传播"项目（见附图3-1）。

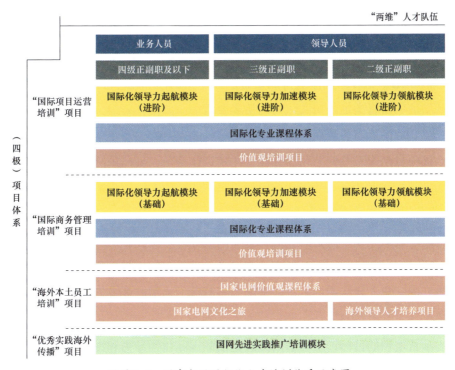

附图3-1　国家电网国际化人才培训体系示意图

（一）"国际项目运营培训"项目

该项目是国家电网国际化人才培训体系下，面向国际业务板块八大业务领域员工的培训项目，旨在提升学员国际化领导力、国际化专业力和企业文化力，为提升公司海外电力投资、建设、运营、服务一体化运作能力，为建成国际一流企业提供必要的业务人才支撑。

项目培训对象为国际业务相关部门中的外派项目人员。他们是公司"四极两维"国际化人才队伍中，参与国际业务最早、对国际业务影响最深的人群，因而是国际化人才培养的首要群体。

项目培训的目标：培养学员具有全面的国际化领导力和深厚的国际市场专业能力，认同并践行公司价值理念体系。因此，该项目的课程体系由国际化领导力、国际化专业力和企业文化力培训项目构成。

其中，国际化领导力起航模块（进阶）、国际化领导力加速模块（进阶）、国际化领导力领航模块（进阶）分别满足各层级国际化人才的领导力培养需求；国际化专业力课程体系将满足各层级学员的国际化专业力 培养要求；价值观培训项目将满足公司文化力的培养要求。

（二）"国际商务管理培训"项目

该项目是国家电网公司国际化人才培训体系下，面向国际业务板块八大业务领域员工的培训项目，旨在提升学员国际化领导力、国际化专业力和企业文化力，为提升国家电网公司海外电力投资、建设、运营、服务一体化运作能力，初步建成国际一流企业，提供必要的业务人才支撑。

项目培训对象为国际业务相关部门中的国内支持人员。他们是公司"四极两维"国际化人才队伍中不可或缺的重要群体，为国际业务发展提供强有力的保障。

项目培训的目标：培养学员具有全面的国际化领导力和深厚的国际化市场专业能力，认同并践行公司价值理念体系。因此，该项目的课程体系由国际化领导力、国际化专业力和企业文化力培训项目构成。

（三）"海外本土员工培训"项目

该项目是国家电网公司国际化人才培训体系下，面向公司海外子公司、办事处的外籍员工的培训项目，旨在帮助学员以不断深入的专业能力在岗位上创造高绩效，在组织文化上积极融入国家电网海外业务，从而达成组织与个人的双赢。

项目培训对象为国际业务相关部门中的海外本土员工。他们是公司"四极两维"国际化人才队伍中的关键群体，是国家电网公司实现国际化发展的前提条件与在海外可持续发展的原动力。

项目培训的目标：培养学员全面的领导能力与授课能力，强化对中外文化差异性的理解，认同并践行公司价值理念体系。因此，该项目的课程体系由国家电网价值观课程体系、国家电网文化之旅与海外领导人才培养项目构成。

（四）优秀实践海外传播项目

该项目以国际领先的内部实践建立国际影响力、以国际化软、硬件实力打造国际化交流平台，并以国际视野扩展公司国际化宣传推广渠道，从而实现向公司国际化交流平台的迈进。

项目培训对象是外部利益相关方，是"四极两维"目标人群中的重要一极，是公司开展国际业务重要合作伙伴。

项目培训的目标为：推动合作伙伴对公司的理解和认识，搭建跨越国界的交流合作平台。

二、项目设计依据

公司国际化人才能力模型作为培训项目设计的依据，来源于公司国际化战略要求分解、员工优秀实践对标、成功模式经验和企业文化输入，并通过公司国际业务相关板块员工的问卷反馈、能力辞典验证得出。它由国际化领导力（Leadership）、国际化专业力（Functional Competency）和国际化文化力（企业价值观）（Value）构成。以公司价值理念体系为基础，以公司八大国际业务线所需的专业力为支撑，以"四极两维"人群所需的国际化领导力为顶层设计，构成了国家电网公司国际化人才能力模型的有机体系（见附图3-2）。

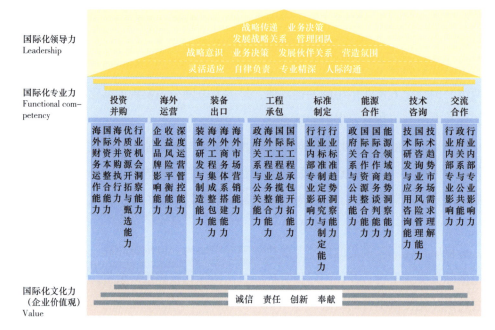

附图3-2　公司国际化人才能力模型示意图

三、国际项目运营培训项目

国际项目运营人才课程体系全景

"国际项目运营培训"项目的课程体系以"分梯次、分能力"的结构为特征，为各层级学员提供领导力、专业力、文化力培训（见附图3-3）。

（一）业务人员/四级正副职及以下外派人员

参与本项目的四级正副职及以下外派人员将参加以下培训课程：

国际化领导力起航模块：驻外压力管理与心理调适、全球思维、驻外纪律与安全、自我认知与人际风格、商务口语特训、信任的速度、所驻国风俗环境介绍。

国际化专业力模块之投资并购业务：市场与商业模式研究、尽职调查、并购交易结构设计、并购财务与估值、并购后的企业接管与整合。

业务人员			领导人员						
四级正副职及以下			三级正副职			二级正副职			
国际化领导力起航模块（进阶）			国际化领导力加速模块（进阶）			国际化领导力领航模块（进阶）			
商务口语特训	自我认知与人际风格	信任的速度	系统思考	海外电力市场研究分析	高效执行	战略思维	商业敏锐	决策力	策略影响
驻外压力管理与心理调适		全球思维	成为领导的好助手	国家电网海外事例宣讲	风险意识	海外市场信息搜集分析	危机与公关	国家电网国际化战略解读与经营实践分析	
所驻国风俗环境介绍	驻外纪律与安全		激发团队效能	跨文化冲突管理	有效沟通	战略实施	中国商业领导力	多元团队管理	
投资并购	市场与商业模式研究、尽职调查、并购交易结构设计、并购财务与税务筹划、并购后企业接管与整合								
海外运营	跨国公司管理、海外电网规划建设与建维、国际企业财务管理、全球供应链管理、国际能源及电力市场监管政策、公司治理与董事会								
装备出口	国际商务沟通、国际金融、国际贸易实务、全球营销、国际采购、国际商法								
工程承包	国际工程财务管理、海外工程总承包业务合同管理、海外工程总承包业务项目施工管理、送电工程设计、变电工程设计、土建工程设计、工程物资管理								
标准制定	国际标准制定实务、标准跟踪与谈判、专家管理、技术组织项目管理、国际组织与国际标准								
能源合作	国际能源形势与政策、国际组织与国际制度、国际谈判、公关与应急管理、外事管理与纪律								
技术咨询	顾问式辅导、项目管理、辅导、项目领导力、策略影响								
交流合作	国际经济合作与安全、海外市场信息收集与分析、公关与应急管理、国际谈判、国际商务礼仪、外事管理与纪律								
价值观培养项目	建设和弘扬统一的企业文化		国家电网公司统一企业文化建设			公司品牌建设与社会责任		建设社会主义先进文化	

附图3-3　国际项目运营培训项目课程体系

国际化专业力模块之海外运营业务：跨国公司管理、海外电网规划建设与运维、国际企业财务管理、全球供应链管理、国际能源及电力市场监管政策、公司治理与董事会。

项目课程安排

1.投资并购业务序列

	第1天	第2天	第3天	第4天	第5天
上午	驻外压力管理与心理调适	全球思维	自我认知与人际风格	商务口语特训	驻外纪律与安全
下午					班建活动

续表

	第 6 天	第 7 天	第 8 天	第 9 天	第 10 天
上午	信任的速度	所驻国风俗环境介绍	市场与商业模式研究	尽职调查	尽职调查
下午					
	第 11 天	第 12 天	第 13 天	第 14 天	第 15 天
上午	并购交易结构设计	并购交易结构设计	并购财务与估值	并购财务与估值	并购后的企业接管与整合
下午					

2.海外运营业务序列

	第 1 天	第 2 天	第 3 天	第 4 天	第 5 天
上午	驻外压力管理与心理调适	全球思维	自我认知与人际风格	商务口语特训	驻外纪律与安全
下午					班建活动
	第 6 天	第 7 天	第 8 天	第 9 天	第 10 天
上午	信任的速度	所驻国风俗环境介绍	跨国公司管理	海外电网规划建设与运维	国际企业财务管理
下午					
	第 11 天	第 12 天	第 13 天	第 14 天	第 15 天
上午	国际企业财务管理	全球供应链管理	全球供应链管理	公司治理与董事会	国际能源及电力市场监管政策
下午					

（二）三级正副职

参与本项目的三级正副职将参加以下培训课程：

国际化领导力加速模块：系统思考、海外电力市场研究分析、战略实施、高效执行、成为领导的好助手、有效沟通、激发团队效能、跨文化冲突管理、国家电网海外事例宣讲、风险意识、海外市场信息收集分析。

国际化专业力模块之投资并购业务：市场与商业模式研究、尽职调查、并购交易结构设计、并购财务与估值、并购后的企业接管与整合。

国际化专业力模块之海外运营业务：跨国公司管理、海外电网规划建设与运维、国际企业财务管理、全球供应链管理、国际能源及电力市场监管政策、公司治理与董事会。

项目课程安排

1.投资并购业务序列

	第1天	第2天	第3天	第4天	第5天
上午	系统思考	海外电力市场研究分析	高效执行	成为领导的好助手	有效沟通
下午	战略实施			激发团队效能	跨文化冲突管理
	第6天	第7天	第8天	第9天	第10天
上午	风险意识	国家电网海外事例宣讲	海外市场信息收集与分析	市场与商业模式研究	尽职调查
下午					
	第11天	第12天	第13天	第14天	第15天
上午	尽职调查	并购交易结构设计	并购交易结构设计	并购财务与估值	并购后的企业接管与整合
下午					

2.海外运营业务序列

	第1天	第2天	第3天	第4天	第5天
上午	系统思考	海外电力市场研究分析	高效执行	成为领导的好助手	有效沟通
下午	战略实施			激发团队效能	跨文化冲突管理

续表

	第 6 天	第 7 天	第 8 天	第 9 天	第 10 天
上午	风险意识	国家电网海外事例宣讲	海外市场信息收集与分析	跨国公司管理	海外电网规划建设与运维
下午					
	第 11 天	第 12 天	第 13 天	第 14 天	第 15 天
上午	国际企业财务管理	国际企业财务管理	全球供应链管理	公司治理与董事会	国际能源及电力市场监管政策
下午					

（三）二级正副职

参与本项目的二级正副职将参加以下培训课程：

国际化领导力领航模块：战略思维、商业敏锐、决策力、策略影响、国家电网国际化战略解读与经营实践分享、中国商业领导力。

项目课程安排

	第 1 天	第 2 天	第 3 天	第 4 天	第 5 天
上午	战略思维	战略思维	商业敏锐	商业敏锐	国家电网国际化战略解读与经营实践分享
下午					
	第 6 天	第 7 天	第 8 天	第 9 天	第 10 天
上午	决策力	决策力	策略影响	中国商业领导力	中国商业领导力
下午					

四、国际商务管理培训项目

国际商务管理人才课程体系全景

"国际项目运营培训"项目的课程体系以"分梯次、分能力"的结构为特征，为各层级学员提供了领导力、专业力、文化力培训（见附图3-4）。

业务人员	领导人员				
四级正副职及以下	三级正副职			二级正副职	
国际化领导力起航模块（基础）	国际化领导力加速模块（基础）			国际化领导力领航模块（基础）	
高效能人士的七个好习惯　特高压电网建设与海外推广	系统思考	海外电力市场研究分析	高效执行	战略思维　商业敏锐	决策力　策略影响
初级商务英语　责任心　项目管理　国际能源现状及发展趋势	成为领导的好助手	风险意识	有效沟通	国家电网国际化战略解读与经营实践分享	
新能源及职能电网建设与海外推广　国际政治格局经济形势与能源形势	激发团队效能	国家电网海外事例宣讲	战略实施	中国商业领导力	
投资并购	市场与商业模式研究、尽职调查、并购交易结构设计、并购财务与税务筹划、并购后企业接管与整合				
海外运营	跨国公司管理、国际企业财务管理、全球供应链管理、国际能源及电力市场监管政策、公司治理与董事会				
装备出口	国际商务沟通、国际金融、国际贸易实务、全球营销、国际采购、国际商法				
工程承包	国际工程财务管理、海外工程总承包业务合同管理、送电工程设计、变电工程设计、土建工程设计、工程物资管理				
标准制定	国际标准制定实务、标准跟踪与谈判、专家管理、技术组织项目管理、国际组织与国际标准				
能源合作	国际能源形势与政策、国际组织与国际制度、国际谈判、公关与应急管理、外事管理与纪律				
技术咨询	顾问式辅导、项目管理、辅导、项目领导力、策略影响				
交流合作	国际经济合作与安全、公关与应急管理、国际谈判、国际商务礼仪、外事管理与纪律				
价值观培养项目	建设和弘扬统一的企业文化	国家电网公司统一企业文化建设		公司品牌建设与社会责任	建设社会主义先进文化

附图3-4　国际商务管理培训项目课程体系

（一）业务人员/四级正副职及以下外派人员

参与本项目的四级正副职及以下外派人员将参加以下培训课程：

国际化领导力起航模块：高效能人士的七个习惯、新能源应用国内外实践、初级商务英语、责任心、项目管理分享、国际能源现状及发展趋势、智能电网建设国内外实践、国际政治格局、经济形势与能源形势。

项目课程安排

	第1天	第2天	第3天	第4天	第5天
上午	高效能人士的七个习惯	新能源应用国内外实践	初级商务英语	初级商务英语	责任心
下午					
	第6天	第7天	第8天	第9天	第10天
上午	项目管理分享	国际能源现状及发展趋势	智能电网建设国内外实践	国际政治格局	经济形势与能源形势
下午					

（二）三级正副职

参与本项目的三级正副职将参加以下培训课程：

国际化领导力加速模块：系统思考、海外电力市场研究分析、战略实施、高效执行、成为领导的好助手、有效沟通、激发团队效能、国家电网海外事例宣讲、风险意识、班建活动。

项目课程安排

	第1天	第2天	第3天	第4天	第5天
上午	系统思考	海外电力市场研究分析	战略实施	高效执行	成为领导的好助手
下午					
	第6天	第7天	第8天	第9天	第10天
上午	有效沟通	激发团队效能	国家电网海外事例宣讲	风险意识	班建活动
下午					

（三）二级正副职

参与本项目的二级正副职将参加以下培训课程：

国际化领导力领航模块：战略思维、商业敏锐、决策力、策略影响、国家电网国际化战略解读与经营实践分享、中国商业领导力。

项目课程安排

	第 1 天	第 2 天	第 3 天	第 4 天	第 5 天
上午	战略思维	战略思维	商业敏锐	商业敏锐	国家电网国际化战略解读与经营实践分享
下午					
	第 6 天	第 7 天	第 8 天	第 9 天	第 10 天
上午	决策力	决策力	策略影响	中国商业领导力	中国商业领导力
下午					

五、公司文化之旅（海外本土员工）

海外本土员工人才课程体系全景：

"海外本土员工培训"项目的课程体系以"分梯次、分能力"的结构为特征，为局级、处级、科级及以下学员提供了领导力与文化力培训（见附图 3–5）。

整个培训项目将通过集中培训、总部参观交流、文化交流等形式，加强学员的跨文化沟通能力，并加深其对中国式领导力的理解，从而使其理解并认同国家电网的战略，使全球各分支机构的组织文化与公司的核心价值观保持一致。

海外本土员工培训项目	国家电网价值观课程体系					海外本土人员
	诚信	责任	创新	奉献	公司品牌建设与社会责任	
	中外文化理解误区 workshop					
	全球五大文化维度	中外文化理解常见误区理解		跨文化沟通交流四步法		
	跨文化内部讲师 TTT 训练营					
	引导式授课技巧	跨文化课程设计与教学工具使用		走上讲台		
	国家电网文化之旅			海外领导人才培养项目		
	多元团队管理	国家电网国际化战略解读与经营实践	中国商业领导力	跨文化冲突解决	国家电网公司国际化现状与战略研讨 workshop	中西方文化差异 跨文化交际
优秀实践海外传播	国网先进实践推广培训模块					各利益方
	◇以国际领先的内部实践建立国际影响力		◇以国际化软、硬件实力打造国际化交流平台		◇以国际视野拓展公司国际化宣传推广渠道	

附图 3–5　海外本土员工培训项目课程体系

参与本项目的人员将参加以下培训课程：

公司文化之旅：跨文化冲突管理、多元团队管理、国家电网国际化战略解读与经营实践分享、中国商业领导力。

项目课程安排

	第1天	第2天	第3天	第4天	第5天
上午	多元团队管理	国家电网国际化战略解读与经营实践分享	中国商业领导力	中国商业领导力	跨文化冲突管理
下午					